创新视角下的高职教育管理研究

阳艳美◎著

吉林出版集团股份有限公司

全国百佳图书出版单位

图书在版编目（CIP）数据

创新视角下的高职教育管理研究 / 阳艳美著. —— 长春 : 吉林出版集团股份有限公司, 2023.4

ISBN 978-7-5731-3306-9

Ⅰ.①创… Ⅱ.①阳… Ⅲ.①高等职业教育—教学管理—研究 Ⅳ.①G718.5

中国国家版本馆CIP数据核字(2023)第082512号

创新视角下的高职教育管理研究
CHUANGXIN SHIJIAO XIA DE GAOZHI JIAOYU GUANLI YANJIU

著　　者　阳艳美
出 版 人　吴　强
责任编辑　蔡宏浩
装帧设计　墨创文化
开　　本　787 mm × 1092 mm　1/16
印　　张　7
印　　数　1—2000
字　　数　150千字
版　　次　2023年4月第1版
印　　次　2023年8月第1次印刷
出　　版　吉林出版集团股份有限公司
发　　行　吉林音像出版社有限责任公司
　　　　　（吉林省长春市南关区福祉大路5788号）
电　　话　0431-81629679
印　　刷　三河市嵩川印刷有限公司

ISBN 978-7-5731-3306-9　　定　价　55.00元

如发现印装质量问题，影响阅读，请与出版社联系调换。

前　言

　　大学生教育管理是国家教育体系中的重要组成部分，在保证高校人才培养质量、规范大学教育管理秩序、培养社会主义事业合格建设者和可靠接班人等方面发挥着十分重要的作用。新时期，高校大学生教育管理工作处于一个开放、多元的环境。在经济全球化、文化多元化、社会信息化的背景下，随着高等教育大众化趋势的发展，高校学生管理工作也发生着深刻变化。面对学分制与弹性学制管理、缴费上学与学生自主择业、后勤管理服务社会化改革等趋势，在大学生管理中，如何处理好管理与育人的关系？如何处理好以人为本和依法管理的关系？如何处理好个体发展与群体秩序的关系？如何处理好现实空间与虚拟空间学生管理的关系？如何处理好大学生管理工作继承与创新的关系？这既是当前大学生教育管理工作的基本问题，也是加强和改进大学生教育管理工作的关键所在。

　　素质教育是当前教育领域中探讨的一个重要课题，基础教育改革的一个方面就是如何从应试教育向素质教育的转轨问题。随着社会主义市场经济的发展，社会对大学生的要求上升到一个新的高度，人才已经在"社会市场"上被选择，那些具有创造力的大学生是企业最需要的。最受欢迎的大学生一般具有这样的综合素质：有良好的思想品格，对国家、社会和集体有较强的责任感与奉献精神；有扎实的基础知识和在此基础上的创新能力、适应能力；有较强的活动能力和管理能力以及良好的组织领导能力；团结协作、与别人合作共事的能力；有一定的经济意识和艺术修养。高校教育向素质教育的过渡是社会进步、经济发展的象征，也是国家综合实力不断增强的反映。当今社会是一个竞争的社会，国家之间的竞争就是国家实力的竞争，而国家实力的竞争就是国民素质的竞争，要全面提高国民素质，教育必须先行。高等学校的管理工作者面对社会对人才需求的变化，要想更有效地实施学生教育管理工作，必须跳出原来固有的教育管理模式，从创新的思路出发，向符合未来需要的培养模式转换。实施素质教育必须把握本质，突出重点，激发学生自我教育、自我管理的积极性，真正提高学生管理工作的效率和效果。

目 录

第一章 高等教育教学质量保障体系概述

第一节 相关概念与理论

一、教学管理的组织系统

教学管理的组织系统又称为教学管理的组织与方法体系，是教学管理的群体为了共同的目标，通过责权的分配、层级的统属关系和团体意识所构成的能自我调节、自我发展的一个社会系统；主要解决"谁来管理，怎么管理"的问题。管理体制则是指组织机构的设置、隶属关系和责权规划等组织制度的体系化。管理体制和组织结构的合理与优化，决定着教学管理组织功能的有效发挥。管理系统是一个个体、团体和整体之间结构性的关系组织，是一个组织成员相互行为关系的行为系统，是一个随着时代环境的变化不断自我调整、自我适应的生态组织，也是一个组织成员角色关系的网络系统。教学管理组织建设的目标主要是建立一个科学、完善的教学管理系统，形成全面的质量管理体系和运行机制，以服务于教学、教师和学生。教学管理系统是侧重于过程管理的纵向系列和侧重于目标管理的横向系列的结合。纵向系列指学校、二级学院（部）、教学系部和教研室；横向系列主要涉及目标管理，包括教务部门、科研部门、学生管理部门、人事部门、政工部门、后勤保障部门等；这两个系列要处于完全协调一致的工作状态，才能完成共同的教学工作目标—人才培养。

要建立起高效能的、灵活运转并能创造性工作的教学管理组织系统，必须重视和加强教学管理队伍的建设，建立一支专兼结合、素质较高、相对稳定的教学管理干部队伍，机构要有职责范围，人员要有岗位责任。

二、教学管理的本质

教学管理的本质是在多层次、多因素的高等学校系统中，以教学子系统作为研究的管理对象，组织和运用有限的人力、物力、财力对教学过程进行科学合理的安排，实现教育资源的最优配置，获得教学工作的最佳效益。

三、教学管理的基本任务和职能

教学管理的基本任务是遵循教育教学基本规律，通过对培养、改革、建设和管理的系统规划，借助现代化的科学管理手段，对全部教学活动在动态演进中达到既定的教育教学目标的管理。同时，要发挥管理的协调作用，调动各方面的积极性，保证整个培养过程各阶段教学任务的有效实现。

教学管理的职能可归纳为"决策、规划、组织、指导、控制、协调、评估、激励，研究、创新"，它们之间相互交叉，互相联系，是一个有机的整体。

四、教学管理内容体系

搞好教学管理的核心是每位教学管理者应清楚地知道"应该管什么，重点管什么，怎样才能管好"。教学管理是有机的、统一的整体，教学管理的内容体系从不同视角呈现不同的体系框架（结构）。从教学管理业务的科学体系或工作体系来看，可概括为"四项管理"，即教学计划管理、教学运行管理、教学质量管理与评价和教学基本建设管理；从教学管理职能的角度来看，主要包括决策规划、组织指导、控制协调、评估激励和研究创新；从教学管理的高度和层次来看，包括静态管理与动态管理相结合的教学改革、教学建设和日常管理。

（一）教学计划管理

培养方案是学校保证教学质量和人才培养规格的重要文件，是组织教学活动、安排教学任务、确保教学编制的基本依据。教学计划是在中华人民共和国教育部（以下简称教育部）的宏观指导下，由各个学校组织专家自主制订的。它既要符合教育规律，保持一定的稳定性，又要根据社会、经济、科学技术的新发展适时地进行调整和修订。教学计划一经确定就必须认真地组织实施。教学计划管理的核心工作是精心设计人才培养的蓝图，这就需要我们投入很大的精力进行必要又必需的基本调查研究，包括国内外相同、相近学科专业的改革和发展动向，特别是新的教育观、新的教学内容、课程体系、教学环节和人才的培养模式等。要组织学校本学科专业的学术、教学带头人及有经验的骨干教师先行研究课程结构体系。只有设计构建一个整体优化的课程结构体系，把人才培养的总设计描绘清晰，才能够据此培养出高质量的合格毕业生。当然，教学计划在制订以后还要有严格的组织实施，不能有随意性。

（二）教学运行管理

教学管理的基本点是通过协调、规范的管理保障教学工作稳定运行，保证教学质量。教学运行管理主要是围绕教学计划的实施所进行的教学过程及相关辅助工作的组织管理。教学过程是学生在教师指导下的一种认知过程，又是学生通过教学获得全面发展的一个统一过程。高等学校教学过程组织管理的主要特点：一是大学生学习的独立性、自主性、探索性逐步增强；二是在宽厚的基础学科基础上适度的专业教育；三是教学和科研的逐步结合。根据这些特点，在教学过程的组织管理中要注意把握两个方面的工作：一方面，要制定好课程大纲；另一方面，要针对课堂教学、实践教学、科学研究训练这三个主要环节，设计好组织管理的内容、要求和程序，并依此来进行检查。

（三）教学行政管理

教学行政管理主要指学校、二级学院、教学系部等教学管理部门要依据教学规律和学校规章制度行使管理职权，对各项教学活动及相关的辅助工作进行科学合理的组织、指挥、调度，以保障学校教学工作稳定有序运行的协调过程，也包括严格、规范地做好教学的日常管理、学籍管理、教学工作管理、教学资源管理和教学档案管理等工作。

（四）教学质量管理与评价

教学质量是个综合化的概念，衡量教学质量高低的指标应该是包括教学、学习及管理质量的综合指标；教学质量又是一个渐进的、累积的形成物；教学质量是静态管理和动态管理相结合的，应注重动态管理和过程管理，这是因为教学质量管理的最终目的是保证和提高每一项教学活动、每一个教学环节及最终的教学质量。转变教育思想、提高教育质量是搞好教学质量管理的前提条件。要深入研究质量监控，研究完成全程质量管理的设计，建立适合校情的质量监控体系和运行机制，首先要厘清质量监控的概念、要素、体系和组织系统，要研究质量监控与质量保证的所有相关问题。高校应建立科学的、抓住核心的、可操作的质量管理模式，包括教学质量检查方式，教学工作评估，教学信息的设计、采集、测量、统计分析和管理等。

明确高等教育管理的目标，遵循高等教育管理的规律和坚持高等教育管理的基本原则，是实行高等教育管理的起点和前提。目标、规律和原则反映了一定的社会观与价值观，体现了某种管理哲学。高等教育管理的目标、规律和原则渗透在管理工作的各个方面，贯穿于高等教育管理工作的全过程。

五、高等教育管理的目标

（一）目标及高等教育管理目标

1. 目标的含义和特性

目标就其词义来说，是指目的，如为一个共同的目标而奋斗。具体来说，目标是指在一定环境条件下和一定范围内，个人群体或组织以预测为基础，按一定的价值观，对自身行为所确立并争取达到的最终结果的标准、规格或状态。

目标是主观见之于客观的东西。一方面，目标集中反映人们的设想、愿望，体现其意识的主观能动性；另一方面，目标又超前反映未来的标准或状态，体现其存在预想的客观现实性。因此，作为目标，总要使主观需要和客观可能保持一致。目标具有以下特性：

（1）未来的导向性

目标属于方向的范畴，为人们展现未来的经过努力可以达到的前景。目标是对未来的预测，是超前思维的产物，对人类的实践活动具有引导作用。任何组织、部门要提高其管理效能，都必须制定某种方向维系和组织各个方面，以指引单位成员共同活动，只有使目标的影响渗透到各项工作中，才能达到鼓舞士气、增强凝聚力、提高工作效率和效益的目的。

（2）主客观的统一性

目标既是由人所设想和确立的，是"观念地存在着"的东西，它又总是人对客观认识的反映。人对客观现实有了正确的认识，才可能制定出正确的目标。正确的目标，必然是主观设想和客观存在的统一。主观和客观的高度统一性，是保证目标正确性的前提和基础。

（3）社会的价值性。目标不是组织自身所能完全决定的，也不纯粹是个人意愿的表现。按照系统论的观点看问题，任何组织都是社会中的或大或小的分子，其存在和活动的方式均受社会的制约。因而目标的确立必然要反映社会的要求。这种基于客观现实、体现主观意志、反映社会要求的目标是人们认同的一种方向，其一经确立，便具有使人们为之崇尚和追求的价值。

（4）系统的层次性

目标不可能是单一的，各级目标纵横排列，形成了层次结构。一般来说，上一层次的实现目标的措施，成为下一层次的目标；达到下一层次的或局部的目标，是为了实现上一层次或总体的目标服务的。高层次的目标往往从宏观角度出发，体现其战略性和概括性的

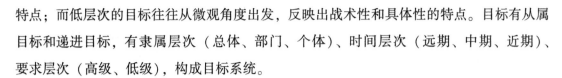

特点；而低层次的目标往往从微观角度出发，反映出战术性和具体性的特点。目标有从属目标和递进目标，有隶属层次（总体、部门、个体）、时间层次（远期、中期、近期）、要求层次（高级、低级），构成目标系统。

（5）过程的实践性

目标的实现是连续性和阶段性相统一的过程，也是完成主观走向客观的过程。这一过程归根结底是实践的过程，离开实践就不可能制定出正确的目标，就谈不上目标的实现。因为目标总是在认识、实践、再认识、再实践的过程中制定、调整和实现的。

2. 高等教育管理目标的含义和规律

高等教育管理目标是指高等教育主体根据实现高等教育目的的要求，对各项高等教育管理活动中管理对象在一定时期内所要达到的预想结果做出的标准规定。高等教育管理目标，从根本讲，与高等教育的育人目的是完全相统一的。随着高等教育改革的不断深入，高等教育与社会的经济、政治文化等各个方面的联系日益密切。相应地，也日益承担起更多的社会职能。它需要面对各种各样的社会期望，尽力满足多方面对知识和人才的需求，这就带来了高等教育管理目标的多样化。

高等教育既具有外部规律，又具有其内部规律。外部规律是指高等教育必然受到社会诸因素的制约和必须为社会的政治、经济和文化等方面服务的规律。内部规律是指高等教育必须遵循人的认知、成长和发展规律以及人才培养规律。从外部规律和内部规律的划分方法出发，高等教育的管理目标，可以划分为外部目标和内部目标。外部目标是反映高等教育社会功能即在经济发展和社会进步中所起作用的目标。内部目标则指反映高等教育活动状态的目标，如教育目的、要求、途径、质量、水平、条件保证等方面的目标。因而，外部目标可以说是功能性目标，内部目标则可以说是状态性目标。外部目标体现于高等教育主管部门对教育活动的决策和控制上，内部目标则体现于高等教育实施部门（高等学校）对自身价值的追求上。

（二）高等教育管理目标确立的意义

1. 高等教育管理目标确立的意义

在高等教育管理活动中，确立其管理目标具有十分重要的意义。

（1）目标是高等教育管理的出发点和行动依据

具有决定管理活动方向的作用。高等教育管理目标，决定高等教育管理活动的方向和任务，规定高等教育管理活动的内容，影响高等教育管理活动的途径和方法。高等教育管理活动，是为了最终有效地实现高等教育管理的目标。没有目标的高等教育管理就失去了方向和意义。高等教育管理活动的全过程应着眼于对目标的管理，高等教育的一切管理活动要围绕着实现高等教育管理目标这一根本任务。

（2）目标是调动高等教育管理者自觉性的重要手段

具有激励和鼓舞作用。做任何事都要注重效果，高等教育管理也不例外。虽然效果的取得受多种因素的影响，但人的自觉性和有效性是直接相关的。自觉性越高，有效性就越大。因此，确立并使管理者明白高等教育管理的目标，才能使之形成自发的思考和积极的行为，进而产生热情和激情。

（3）目标是处理高等教育管理主客体矛盾的必要条件，具有修正、完善作用

目标既是预期可以达到的，也是需要经过一定的努力才能达到的。确立目标的全过程，也是分析和认识主客体矛盾的过程。实现管理目标的努力过程，也是发现矛盾、处理矛盾和最后解决矛盾的过程。

（4）目标是检验高等教育管理效果的依据

具有评估作用。检验高等教育管理的效果，主要不是看做了多少事情，而是要依据原来确定的高等教育管理目标检验实际管理活动的效果，做那些事倍功半的事情是与科学管理的要求相违背的。只有确立高等教育管理目标，才能检验其管理成效的高低和效果的大小，才能使高等教育的评估有章可循。

2. 高等教育的目标管理

高等教育目标管理是高等教育管理者引导高等教育实施部门以及全体成员共同确定高等教育管理目标及其体系，以目标为中心，明确各自责任和发挥各方面主动精神，协调和控制培养各类高级人才的工作进程，检查和评估完成状况的组织活动。简而言之，就是一种对高等教育目标的确定、实施和评估全过程的管理。

高等教育的目标管理，其基本含义包括以下内容。第一，高等教育目标管理和高等教育管理一样，均是高等教育的组织活动。但目标管理活动的特点是"以目标为中心"，与高等教育的计划管理、质量管理等有区别。第二，任何活动都是有过程的，在高等教育目标管理的活动过程中，目标是贯穿始终的主线，表现在目标的制定执行、检查和评估等方面。第三，高等教育目标管理的提出和发展，关注人的同时，注重人和工作的结合。必须使各层管理者和被管理者明确自身的责任，提高自觉性，做到自我控制、自我检查和自我评估。

高等教育管理的核心是高等教育的目标管理。目标管理活动的一般程序是目标制定、目标实施、目标检验、目标价值。这与一般常规管理过程中的四大环节，计划→执行→检

查→总结基本上是一致的。因此,围绕高等教育的目标管理的过程,就能更好地实现高等教育的有效管理。

(三) 高等教育管理目标确立的依据

高等教育管理目标的确定,需要科学的依据。高等教育管理目标是整个高等教育发展目标的一部分,它的确立必然受制于高等教育发展的各方面的因素。确立高等教育管理目标,既要适应社会发展的外在要求,又要符合高等教育发展规律的内在需要,还要考虑高等教育管理对象的诸因素的不同状况。

1. 高等教育管理目标确立的社会发展依据

确立高等教育管理目标,必须把高等教育的发展放在整个社会发展中考察。当今社会,科学技术突飞猛进,综合国力竞争日趋激烈。为了迎接 21 世纪的挑战,国家制定了"科教兴国"的战略,从而为高等教育的发展提供了良好的机遇。

人类社会的发展,至今经历了从原始社会向农业社会的第一次转变和从农业社会向工业社会的第二次转变。今天,人类社会正经历着从工业经济时代向知识经济时代的第三次转变。知识经济是以知识资源为第一生产要素的经济,是以高技术产业为支柱产业的经济,知识经济的基本要求和内在动力在于知识创新和技术创新。

迎接知识经济、实施"科教兴国"的主要对策有两点:一是建立国家知识创新和技术创新体系,尽量使我国的科学技术,特别是高科技和高新技术产业有较大的发展;二是深化教育改革,积极培养具有创新能力的人才。这就使以创新知识和培养创新人才为己任的高等教育面临着新的挑战。

2. 高等教育管理目标确立的教育发展依据

实行高等教育管理,旨在为高等教育的改革和发展服务,最终实现高等教育目的。高等教育的发展离不开党的教育方针和政策的指导,高等教育管理应根据党的教育方针和政策目的要求来确定其目标。

现代高等教育的改革和发展,要求人们必须注视和研究国际经济、科技的发展趋势,增强教育的开放意识,认真借鉴世界各国的有益经验,从而加快发展我国的高等教育事业。这要求高等教育管理目标的确立既要围绕国家和社会对高等教育发展的基本要求,又要体现在管理理论上的科学性、管理理念上的时代性、管理实践上的高效性、管理内容上的切实性、管理过程上的目的性。高等教育管理目标的确立,如果缺少管理科学的思维方式,就不能使其目标合情合理,切实可行,就难以达到实行目标管理的目的;高等教育管理目标的确立，如果缺少时代特征，就不能使其目标符合高等教育改革与发展的要求，就有违背高等教育管理的初衷；高等教育管理目标的确立，如果不能使其操作简便、明了、易行，就不易被管理的主客体双方接受，就难以达到事半功倍的效果；高等教育管理目标的确立，如果其内容要求不切实际，不考虑各地、各层次、各类型的具体情况，就难以真正为高等教育的改革与发展服务；高等教育管理目标的确立，如果在实行其全过程的各阶段，要求不明确，就会形成操作中的盲目性，并且难以在实践中加以修正，就不可能达到最后目标的要求。

高等教育的改革和发展，旨在更快更好地实现高等教育的目的，这一目的集中反映在国家和社会对人才的需求上。只有以高等教育发展为依据，才能体现管理目标的确立为培养社会主义建设要求的人才服务。

3. 高等教育管理目标确立的工作目的物依据

高等教育管理对象包括人、财、物等多种类型，通常称之为管理工作的目的物。在人、财、物各类管理对象中，人是最为关键的，因为财和物的管理最终均是由人来实现的，从这层意义上来说，高等教育管理的对象主要是人。由于人的层次、素质和水平的差别，高等教育管理的具体目标有所不同。如果不依据高等教育管理对象的不同层次和具体情况，把目标定得过高或过低，都会影响高等教育管理工作的成效。

高等教育管理对象具有双重性，既是管理者，又是被管理者。较之于高层管理者而言，中层管理者则是被管理者，较之于中层管理者而言，基层管理者则是被管理者，而基层管理者又是具体事物的管理者。不可否认，在当前高等教育管理对象不同层次的人员中，其整体素质，无论从思想观念、文化水平，还是业务能力，与以前相比都有提高。但是，随着高等教育的不断发展，高等学校结构布局的调整和管理体制改革的深入，部分人的育人观念、时代观念、敬业观念、服务观念等适应不了形势发展的要求，主人翁意识不强。如果对上述情况不做深入的了解和具体的分析，那么就难以制定出切合实际的具体目标。另外，由于各地区发展的不平衡造成的高等教育发展的不平衡，显示出高等教育管理的差异性。

（四）高等教育管理的目标模式

高等教育管理的目标模式包括管理目标确立的理性模式、渐进模式和综合模式。

1. 管理目标确立的理性模式

理性模式主要要求是切实，即目标的制定者根据完备的综合信息、客观的分析判断，针对许多备选的目标方案进行论证评估，排定优劣顺序，估计育人的成本效益，预测可能产生的影响，经比较之后选择最佳方案。这种模式是以理性的行为作为选择基准的。理性的行为是扩大目标成就的行为，是根据客观资料，确立目标手段的行为。

理性模式的最终目的，是希望能够设计出一套程序，使管理者利用此程序，能够确立一个有最大"净价值成效"的合理目标。即希望能花最小的代价，获取最大的成果。而具有最大"净价值成效"的目标，就是一项理性的目标。"净价值成效"是指目标所要求的效果大于其付出的价值。在这个意义上，理性和效率意义相同。效率是价值输入和价值输出的比例。一个理性的目标就是效率最大的目标，目标所要求的价值与其在实行过程中所付出的价值之间的比值大于1。理性模式是人们在追求理性目标努力下创造的，是对理性目标制定过程中的一种概括和抽象。

理性模式要求应满足的条件是：知道所有的教育要求及其相对的重要性；知道可能的多种目标方案；知道各种目标方案可能产生的结果；能估计目标方案所能实现的与不能实现的教育要求的比值；能选择最佳的目标方案。在这个模式中的理性，是指人们不仅要能知晓、权衡整个教育要求的实现程度，而且还要有关于目标方案的详尽资料、正确预测各种目标方案后果的能力，以及能准确把握管理成本与育人要求的操作程序。

理性模式可以促进高等教育管理目标确立的合理性，使内容切实，要求适中，操作可行。然而，由于管理者的能力和掌握的知识有限，其目标的确立不可能完全满足理性化的要求，从而需要通过渐进的方式加以修正。

2. 管理目标确立的渐进模式

渐进模式的主要要求是调适（或修正），即运用"边际调适科学"的方法，以现行的目标为基础，通过时段的实践，再与其他方案相比较，然后决定哪些内容须加修改，以及应该增加哪些新的内容。

渐进模式的内涵概括为：管理者不必企图建立与评估所有的目标方案，只须着重于那些与现行目标有渐进性差异者即可；管理者只须考虑有限的目标方案，而非所有备选方案；管理者对每个方案只须论证几个可能产生的重要结果；管理者面临的问题一直在被重新界定，注意要求-手段与手段-结果的调适，使其过程的问题较易处理；高等教育管理的问题尚缺乏最好的解决方案，需要在目标实行过程中发现问题和逐渐解决问题；渐进模式具有补救性质，适应解决现实的与具体的问题，对目标趋势进行修正；渐进模式在于边际的比较，根据边际效果进行抉择，并不全面考虑每一项计划或每一个方案，所确立目标的优劣情况取决于管理者态度一致的程度。

与理性模式相比较，渐进模式较接近实际的管理情况，模式的构架较为精致完美。就管理者的个性特征而言，渐进模式也比较可行。渐进模式受到对现行目标成效的满意程度、问题性质改变的程度、现有可选方法中新方法的数量等条件的限制。如果现行目标的成效不能令人满意，则渐进模式就无法适用，现行目标仍有成效，是采用渐进模式的基础；如果问题的性质发生变化，那么渐进模式也无法适用，现有方法中，新方法数量多，则使用渐进模式的可能性就减少了。

渐进模式的应用，须具备下列条件：现有目标的成效，大体上能满足高等教育管理主客体双方的需要，从而使边际变迁在目标效果上能充分显示其新收获；管理者所面对的问题，在本质上必须是一致的，换言之，不同管理者对问题的看法基本是一致的；管理者有效处理问题的方法，须具有高度的共同性。以上条件，对渐进模式的效度（应用价值）具有决定性的影响。在高等教育改革和发展的形势下，新问题层出不穷，其管理上的渐进改变已难以适应实际需要，渐进模式的缺点也就开始凸现。

3. 管理目标确立的综合模式

综合模式是为了发扬理性模式和渐进模式之长，避二者之短而构造的一种控制模式。这种模式的主要要求是追求最优化。

广义上讲，凡是将两种或两种以上的模式混合使用，有机结合的模式都可以称为综合模式。但是，在当代高等教育目标的确立过程中，几乎所有的综合模式都包含理性成分。因此，广义上的模式都是理性与其他模式的结合。鉴于综合模式的多样性，在这里仅列举规范最佳模式和综合模式两种。

规范最佳模式吸收了理性模式的主要优点，此外，还把艺术的方法和规范科学的手段结合起来，如利用专家直觉、经验判断设计新的方案，进行各种可行性研究。在具体分析中，该模式还借用各种定性方法弥补诸多因素难以量化的不足。规范最佳模式主要有以下步骤：认清某些价值、目的和目标要求；探讨实现目的的目标方案，特别是创造新的方案；通过论证有限的备选方案的预期效果，并按优劣排序，获得事半功倍的发展方案或革新方案。管理者首先依据渐进模式检查现行目标及其执行情况，然后再利用各种目标分析的方法，与新目标进行比较并预测新方案的可能后果及期望值。另外，规范最佳模式还把调适目标确立的质量，调适目标确立系统本身，提高目标确立参与者的个人素质，建立必要的机制，进行必要的培训等认为是模式考虑的内容，将其包括到模式中来。规范最佳模式首先基于对现行目标的检查和论证，从而吸收了渐进模式的优点，它又吸收了理性模式的操作性方法，这就保证了方案的相对最优化。规范性的含义在于有一套目标确立的程序，还表现在它有系统的思考，即把一般意义上的控制与目标确立系统的改进联系在一起，这样规范化模式就包含了渐进模式和理性模式中的合理成分，成为更富有实用价值的模式之一。

综合模式一方面，应用理性模式，宏观审视一般的目标要素，分清主次，选取重点；另一方面，应用渐进模式探讨经过选择的重点，避免寻找所有可行的备选方案，也避免了对与目标无关的次要细节和次要方案的全面分析，不致耽于细枝末节，而忽视基本的目标要素。这就克服了理性模式和渐进模式的不足。综合模式在选定方案的审视方面，注重使用理性模式创造新方案，克服渐进模式的保守倾向。同时对重点问题、规格要求及主要的备选方案，则注意用渐进模式方法考察，注意与已有的目标进行比较，以拟订优化切合实际的具体方案，克服理性方法的不现实性。与规范最佳模式一样，综合模式也提供了一个搜集、分析、利用有限资料的特定程序和资源分配的策略标准。与理性模式相比，综合模式缩减了考察范围，节约了大量的时间、精力和资源；与渐进模式相比，它借助理性模式客观的方法对各种主要备选方案进行精细的调适，从而提高了方案的可靠性，又给创新方案提供了机会。因此，综合模式更具体可行。

第二节 高等教育概述

一、高校学生管理的理论根据和指导理念

科学的管理对提高管理效率，优化教育质量具有十分重要的意义；科学的管理有赖于符合客观实际的、法制化的、人性化的管理规章制度，而这一切都离不开科学的管理思想。科学的学生管理思想分三个层次：一是作为认识理论的管理思想；二是管理应遵循的基本原则；三是在实际操作中所运用的具体方法。

（一）管理思想

所谓管理思想，是指"关于管理的观点、观念或理论体系，是管理理论和实践的结合在人们头脑中的反映"。管理思想对管理工作起指导作用，它随着人类社会及其管理活动的产生、发展而产生和演变。

高校学生管理属教育管理的范畴，其管理思想理应与教育管理思想同类，是一个极为复杂的理论课题。它应该也必须确定自己的理论前提，也就是要与某种思想理论联系起来，以确立自己的基本方向。从哲学的层面看，高校学生管理思想主要包括四个方面的内容。

1. 运用相互联系的管理思想

高校学生管理是一种复杂的社会现象，从宏观上分析，高校与社会、家庭和时代是联系在一起的，大学生当然也不是孤立于社会、与世隔绝的，所以高校学生管理牵涉社会、家庭，影响着时代，同时也受时代或者说历史条件的限制。

从微观方面来看，高校学生管理诸要素之间也是相互联系、相互制约的，如管理与学习之间的关系、管理与教育之间的关系、管理与服务之间的关系、管理过程与管理结果之间的关系等，都是相互影响、相互制约的。

2. 运用动态平衡的管理思想

管理是一个过程，这一过程是在不断发展变化的，既受大的经济和文化变化的影响，又受高校本身物力、财力及办学思路变化的影响。一切都在变化中，管理工作也处在不断完善与发展之中。同时，作为管理对象的大学生和研究生的人格、思想、行为也在学生管理过程中得到逐步发展与完善。所以把动态平衡的管理思想运用于管理工作中，就必须要有发展的观点，要有与时俱进的勇气，立足于现实，着眼于未来，不断地分析和研究新的情况，解决新的问题。

3. 运用对立统一的管理思想

在高校的学生管理活动中，客观存在着各种矛盾关系，需要运用对立统一的管理思想对这些问题和矛盾进行分析研究并最终予以解决。例如，管理者与管理对象之间的矛盾，教育、服务与管理之间的矛盾关系等。

4. 运用实践探索的管理思想

实践是检验真理的唯一标准，同时，实践又是正确认识的主要来源。高校学生管理是一门实践性很强的科学，有很高的操作性要求。因此，我们在开展高校学生管理工作的时候，一定要有实践意识，要有探索创新的勇气，并将实践过程中形成的好的经验提升到理论的高度，从而在整体上指导学生管理工作的新实践。如此反复，以至无穷，以推动我们的学生管理工作不断提升水平。

（二）指导理念

研究我国高校学生管理，主要应注意运用以下几方面的理论观点和指导思想。

第一，坚持马克思主义关于人的全面发展的理论，培养有理想、有道德、有文化、有纪律的全面发展的高级专门人才，是我国社会主义大学的根本任务。做好研究工作首先要解决"为谁培养人"和"培养什么人"的问题。我国社会主义大学的性质决定了我们必须确保学校培养出来的毕业生，不仅要有扎实的科学文化知识和健康的体魄，而且必须具有高度的社会主义觉悟，也就是要有理想、有道德、有文化、有纪律。要培养这样的新人，就必须按照马克思主义人的全面发展的教育思想办教育。马克思主义教育思想的核心就是关于人的全面发展的学说。培养德、智、体全面发展的建设者和接班人的教育方针，是马克思主义这一理论精髓的具体运用。

第二，运用马克思主义关于辩证唯物主义的理论，用对立统一观点指导高校学生管理，在管理中坚持整体观。马克思主义辩证唯物主义哲学是一切社会科学和自然科学的理论基础。马克思主义的认识论和方法论，渗透于所有社会科学和自然科学之中，所以，也同样渗透于高校学生管理科学之中。要运用对立统一观点，坚持管理的整体观。在纵向上，坚持整体观就是局部与整体的统一，从学生管理工作的整体系统看，组成这个有机整体的各部分又都是一个支系统，是局部。学生管理系统的整体功能是由各部分的组合形式决定的，虽然支系统都各自具有特定的功能，但它们都应服从于学生管理系统整体的目的和功能，各个支系统的要素都是为了整体目的而建立的。在横向上，坚持整体观就是处理好各个支系统之间的分工与合作的一致性，把各部门都协调到为培养全面发展的人才这一共同的管理目标上来。

第三，运用高等教育和现代管理科学理论指导高校学生管理，使大学生管理科学化。现代治校观念要求我们靠现代科学来管理学校、管理学生。具体来说：一要靠教育科学，要遵循教育的外部规律与内部规律办事。比如，高等教育的规模为一定的经济基础所决定，反过来又作用于一定的经济基础。高等院校作为高等教育的主要载体和平台，人才、资源、市场面临着越来越激烈的竞争，理念、体制、结构也面临新的变革和调整。高校要准确把握时代脉搏，直接面对市场办学。大学生管理也要研究新情况，解决新问题，面向21世纪培养高素质的复合型人才。二要靠运用现代管理科学的理论与方法进行管理，使学生管理队伍的组织机构严密，管理制度科学，人员分工合理，职责范围明确，奖惩分明，动作协调，工作高效。运用现代管理科学指导学生管理主要是运用它的基本原理：系统整体性原理、要素有用性原理、动态相关性原理、人的能动性原理、规律效应性原理、时空变化性原理、信息传递性原理、控制反馈性原理等。我们应在管理实践中力争使管理组织系统化、管理决策科学化、管理方法规范化和管理手段现代化。

第四，继承和发扬我国多年来高校学生管理的成功经验。中华人民共和国成立以来高校学生管理工作的成功经验，是当今学生管理工作的宝贵财富。首先，社会主义大学必须坚持中国共产党的领导，坚持社会主义方向，这是我国多年来办大学的一条基本经验。坚持党的领导就是用党的路线、方针、政策作为社会主义大学管理的基本指导思想，就是要确保社会主义大学的社会主义方向，调动全校师生员工的积极性，为培养德、智、体全面发展的高级专门人才努力奋斗。坚持社会主义方向，是由我国大学的社会主义性质所决定的。一切管理工作都要根据党的路线、方针、政策去组织、实施。各项规章制度的制定都要有利于调动广大师生、员工的社会主义积极性，这是衡量管理功能与效益的基本点。其次，管理工作规范化、制度化，即把符合社会主义方向的，又经过实践检验比较成熟的民主管理和科学管理体制、程序、办法用制度形式固定下来，使工作形成规范，其中心点是责、权、利相结合，使制度的思想性和科学性统一。再次，坚持理论联系实际的原则，面向社会实践，实行教育与生产劳动相结合。社会主义大学培养的人才，必须适应社会主义市场经济的需要，在思想上有高度的社会主义觉悟和共产主义献身精神，在业务上不仅要有理论知识，而且要有较强的分析问题和解决问题的能力，要有实干精神和较强的独立工作能力。

二、高校学生管理的原则和基本方法

原则是对客观规律的反映，是观察问题和处理问题的准绳。社会主义学校管理学的原则是学生管理的内在关系的规律性的反映，不是任何人随心所欲创造的。

在学生管理工作中，管理原则处于承上启下的关键地位，是管理目标和实现管理目标的手段之间的中介，是学生管理工作中管人处事所依循的法则，是采取有效手段进行管理活动的基本要求。管理原则和管理目标、管理过程、管理方法、管理制度、管理者之间都有着密不可分的关系并处于指导地位。

（一）高校学生管理的基本原则

社会主义大学学生管理的基本原则是根据学生管理工作的目的、任务和培养学生成为社会主义现代化建设合格人才的客观规律制定的。

1. 学生管理工作方向性原则

管理是一种有目的的活动，管理工作必然具有方向性。以坚持社会主义方向为准绳，这是我国学生管理工作的一个本质特点。社会的性质制约着学校的性质，进而决定学校一切管理工作的性质。

2. 理论与实践相结合的原则

理论与实践相结合，坚持实践是检验真理的标准，这是马克思主义的基本原理，也是高校学生管理的基本原则。准确领会和掌握马克思主义相关科学及各种管理原理，从而把握它们的精神实质，这是搞好学生管理工作的前提。但是，管理原理的应用价值和范围，是受不同学校、不同管理对象和管理者水平等因素制约的。党和国家在社会主义现代化建设阶段有着基本的教育方针和政策，在各个不同发展时期，针对不同特点，又提出了一系列具体的方针、政策和要求。这些方针、政策和要求，应当体现在各高校学生管理的具体措施、方法之中。但是科学的学生管理必须从本地区、本校、本专业、本年级学生的具体情况出发，从学生的素质、兴趣、爱好等出发，制定出相应的方法和措施。

3. 行政管理与思想教育相结合的原则

培养学生的共产主义思想品德，既需要耐心细致的说服教育，也需要坚持不懈的行为训练，使学校的教育要求变为学生的行为习惯，否则，教育的效果就难以巩固。学生良好行为习惯的训练和培养，离不开科学的管理。行政管理在培养社会主义合格人才的过程中具有不容忽视的作用，它为教育工作提供规范、准则和纪律保证，但是具体的大学生管理是通过规章制度、行为纪律对学生的思想行为进行科学的指导和制约。这些制度、措施、纪律表现为社会与学校的集体意志对大学生的要求，表现为对大学生行为的外在限制。因此，想单纯地运用管理制度去解决学生复杂的精神世界问题，是违背教育规律和不切实际的。社会主义高校对学生进行管理的措施的制定与实施，必须以提高学生的认识能力，培养学生自觉遵守规章制度的自觉性为前提。自觉地遵守纪律源于正确的认识，离不开正确的教育。我们只有通过科学而有效的思想教育，帮助学生提高执行纪律的自觉性，才能真正实现管理的效能。

4. 民主管理原则

社会主义高校学生管理工作的一个重要方面，就是要培养学生自我控制、自我管理的能力，激励学生在管理中的主动意识和主人翁态度，充分调动学生自我管理的内在积极性。因此，在社会主义学校学生管理工作中坚持民主管理的原则是符合整体管理目标的。

大学生对于学校制定的规章制度、行为纪律，会思考它们的合理性，一般不希望被动地处于服从和遵守的地位，而是要求参与管理。根据社会主义大学的学生培养目标，我们在管理工作中应充分发扬民主，把学生看成既是管理对象又是管理主体。在实行民主管理时，我们应注意发挥党团员学生的作用，重视学生干部的选拔与培养。这是调动学生的积极因素，实现学生民主管理的重要任务之一。

（二）高校学生管理的方法

高校学生管理的方法是根据其管理原则，为实现大学生培养目标而在德、智、体及其他方面所采取的具体方式、步骤、途径和手段。一般有以下几种方法。

1. 调查研究

对学生的情况，要经常调查、了解、掌握，及时采取相应的处理措施。调查研究时要对调查对象、目的、方法做认真规划，不能临时应付，草率从事。调查中坚持实事求是，要用马克思主义立场、观点、方法，对调查材料、调查事物进行分析、综合、研究。

2. 建立规章制度

在大学生管理中逐步确立一系列科学的管理制度，这是大学生管理的必要方法。制度要符合大学生身心发展特点，符合教育规律和德、智、体培养目标的要求。制度既要随着教育的发展而不断完善，又要有其相对的稳定性。

3. 实施行政权限

按照学生管理的目标、内容制定一系列规章制度、执行措施和学生行为规范，用行政方法进行管理，并通过相应的管理部门及其人员和师生、员工实施监督检查，从而使学生集体或个人的活动达到管理的目标要求。行政方法包含褒扬和惩治两个方面。对遵守管理制度、行为符合规范的集体和个人，应予以表扬；对违反管理制度、行为不符合规范的集体和个人，要有明确的限制措施，并用严格的制度约束其中的特别恶劣者。

4. 适当运用经济手段

经济手段是行政方法的补充。在学生管理活动中，对学生给予必要的物质奖励或惩罚，就是经济的手段。采用经济手段并不意味着行政方法不足以保证管理实施，而是因为直接触及学生的物质利益，它起的作用是行政方法难以替代的。用经济手段进行学生管理时，要注意防止一种倾向，即只重视用经济手段去奖惩，而忽视日常的教育和引导，忽视行政管理的作用。同样不能只重视用经济手段奖励优秀学生，而忽视用同样的手段处罚违纪学生，或者只重视处罚而忽视奖励，导致不能发挥经济手段的作用。

第三节　教学质量保障体系概述

一、教学质量保障体系及其构成要素

高等学校教学质量保障体系是对高校的培养目标、教学计划、教师、学生、教学设施进行评价与调控的系统，是把教学过程的各个环节、各个部门活动与职能合理组织起来，

形成一个任务、职责、权限明确的，能相互协调、相互促进，以达到最优化状态的有机体系，是整个人才培养质量保障体系的基本和核心部分。教学保障体系一般分为七个部分，即教学质量保障指挥系统、教学质量信息收集系统、教学质量信息处理系统、教学质量评估与诊断、教学质量信息反馈系统、教学条件保障支持系统以及质量文化建设系统。

（一）教学质量保障指挥系统

由学校的教学主管校长及教务处等有关部门组成。主要任务是确定学校教学质量管理的目标、教学质量的标准，协调学校内部各种教学质量管理活动的关系，制定有关教学活动的政策和措施，总结学校有关教学管理活动的经验和理论，建立规范化、科学化的教学质量管理的运行机制。这个系统是促进学校教学质量不断提高、确保教学目标实现的关键。

（二）教学质量信息收集系统

科学地进行教学活动评价，应该有一套科学收集信息的办法，并设置一个教学质量信息的收集系统。信息的收集应该是多渠道的，包含专家的信息、教学督导组的信息、校领导听课的信息以及学生听课的信息。

（三）教学质量信息处理系统

把大量的信息收集来了以后，究竟如何对一个老师的教学效果进行全面的、科学的评价，也是非常重要的。不能听某个老师的一堂课或者一个学期的课，就对这个老师做出评价，需要做进一步的信息处理工作。同时，在信息的来源是多渠道、多方面的基础上，还要有足够的、长时间段的样本量，才能保证信息处理的科学、合理和公正。

（四）教学质量评估与诊断系统

评估与诊断，包括信息处理完毕后对结果的全面分析工作，是进行教学评价的重要环节之一。其目的是帮助教师改进教学，促进学生、教师和管理人员之间围绕学校的办学目的和教学目标建立更为密切的关系。

（五）教学质量信息反馈系统

评估和诊断后，要将结果反馈给被评估者，目的是帮助他们改进和提高。现在学校的教学质量信息反馈是在网上进行的，网上有一个三级查询系统，校长可以查询全校教师的评估结果，系主任可查询本系全体教师的评估结果，而教师本人只能看自己的评估结果。教师看到学生或专家对自己的评估，就可以去分析怎么提高、如何改进。

（六）教学条件保障支持系统

教学条件是保证教学质量的物质基础。教学条件支持系统由学校教学服务部门，如教务、财务、后勤、设备等处室构成，任务是围绕"输入保障—过程保障—输出保障"的机制，来分析实现教学目标所需要的必备条件，进而为质量保障提供必要的人、财、物的支持。

（七）质量文化建设系统

高校质量文化，是指学校内部成员的质量行为模式及由此体现出来的质量价值观念和质量行为规范的总和，是教学质量保障系统有效运行不可或缺的支持条件。质量文化建设是学校所有部门的共同职责，只有当质量成为全校教职员工共同的内在追求并自觉行动时，学校保障教学质量的所有努力才能取得预期的效果。

二、当前学校教学质量保障体系运行中存在的主要问题

（一）教学质量保障体系建设观念不强

目前学校实施的以监控评价为核心的教学质量保障体系，存在着重评价结果而轻过程跟踪、重考核评价而轻分析改进、重校内反馈而轻社会反馈、重监控规范而轻监控质量等问题，尤其是监控体系对教师和学生自主意识的负面影响，使现有体系对人才培养质量的提升作用有限；教职工质量保障意识有待加强，部分人员对质量保障认识不到位，全员参与意识不强，质量文化建设尚有一定差距。

（二）教学质量保障体系建设不完善

学校现行教学质量保障体系组织管理体制尚不健全，质量监控队伍的成员多数既是教学管理人员，又是质量监控人员，管评一体影响了监控评价的客观性和准确性；管理目标决策过程缺乏外部信息的收集和分析机制，目标任务与人才培养质量的关联度缺乏清晰的分析依据；缺乏教学资源保障体系，造成资源建设与教学需求之间容易出现脱节现象；偏重于对教师理论课课堂教学活动的监控，对课堂之外的其他教学环节监控不够，对学生的学习情况监控不到位。

（三）校、院（系）两级教学质量管理落实不到位

学校制定了校、院（系）两级管理制度，但在运行过程中措施落实不到位，学校层面的管控仍占主导地位，教学院系自主管理的主体作用没有充分发挥，少数教师和教学管理人员对教学质量管理的全员性和全程性认识不足，主动执行质量标准的意识不强，质量管理过程的落实和执行力存在一定偏差。在学生毕业论文（设计）选题、答辩指导、实习实训指导等过程管理方面不够严格，导致学校质量监控效能被弱化。

（四）教学管理队伍建设需要进一步加强

教学管理人员"双肩挑"比例较大。部分教学管理人员从事教学管理时间较短，管理经验不足。由于事务性管理任务繁重，部分教学管理人员对高等教育管理研究不够深入，对教学管理中存在的问题思考和分析不足，教学管理研究成果比较少。

（五）教学质量监控的信息化程度有待提高

在教学质量监控过程中，没能充分发挥利用现代化技术手段提高信息收集、分析、处理、反馈的作用，教学基本状态数据库建设及有效利用尚须进一步探索和实践。

三、完善学校教学质量保障体系的思考

（一）以新的理念推进教学的质量保障体系

应牢固树立以人为本的思想理念，营造宽松的育人环境和严谨科学的质量管理，调动教学服务的积极性、主动性，建设形成有活力的、科学的教学质量保障系统。按照"预防为主，监管结合、全程管理、过程控制、深度分析、注重改进"的原则，做好教学质量保障系统的设计工作。各职能部门、教学单位及教学辅助机构围绕人才培养这一中心任务，统筹协调各系统间的关系，优化学校人、财、物、事、信息等教育教学资源。师生员工必须增强责任心，加强质量意识，并积极主动参与质量建设，保证各教学质量管理系统有效运行。

（二）进一步完善目标管理，建立全面的教学质量保障体系

以人才培养为目标，重构管理目标体系，在原有的目标任务决策程序中，建立政府、社会及毕业生参与的外部信息收集及反馈机制，提高人才培养结果信息对管理目标的指导

作用。完善组织管理，校内增加专业教师、学生代表；校外聘请行业专业人员参与质量管理，引入独立评估机构辅助管理目标的决策。充分调研和借鉴其他普通高校的先进经验，构建本校教学质量保障体系的基本框架，并在广泛讨论和集中意见的基础上梳理系统与系统之间、系统内部各层次与相关制度的逻辑关系，形成各系统的基本内容，在此基础上，依据管理岗位，明确管理职责，优化管理流程，制定岗位质量标准及评价办法并推行实施。贯彻落实校、院（系）两级管理制度，充分发挥院系办学的积极性、主动性，增强院系办学活力，通过实施常态化的校内自我评估制度，建立和完善院系本科教学、专业建设、课程建设、实验教学、毕业论文（设计）等方面的评估体系，有计划地开展专项评估与院系综合评估，以评促建，以评促管。提高教师对教学质量管理的认识，全面提高教学质量及教学管理水平，进一步明确教学管理岗位职责，强化薄弱环节管理，提高管理人员素质，确保教学管理运行通畅、高效。

（三）提高教学管理人员的专业化水平

有计划、有针对性地引进高等教育管理专业化人才。制订并执行教学管理人员培训计划，加强教学管理队伍的培训工作，通过进修、研讨、挂职交流等多种方式，促使管理人员开阔视野，增强专业性，提高理论素养，进而不断提高教学管理队伍的专业化管理能力，努力打造一支富有责任心、业务水平高、爱岗敬业、勤于奉献的教学管理队伍。

（四）提高教学质量监控的信息化水平

在教学质量监控过程中，充分利用现代化技术手段，借鉴国家本科教学基本状态数据库建设思路，实施监控及辅助决策系统，实现校内教学状态数据的实时采集及管理过程的实时监控，增加过程状态实时预警功能，提高状态数据分析实效性，为管理决策提供强有力的信息支撑。制定落实年度教学质量分析报告制度，加强对教学状态数据的分析与利用，提高信息收集、分析、处理、反馈的质量，及时解决教学中存在的各种问题，保障教学质量的不断提升。

（五）加大教学质量保障体系建设投入，进一步改善办学条件

要改善教学条件，必须增加教学经费投入，并合理有效地使用教学经费。要加强教学基本条件建设，如实验室、教学仪器、实习基地场所、图书资料等，强化实践教学，提高学生动手能力。加强学校质量文化建设，创造良好的育人环境，促进学生全面发展。

# 高等教育的现代化与传统文化

第一节　传统文化的现代化转型

文化是人类活动的一类特殊的社会现象。人类在创造文化的同时，文化也在塑造着人类。文化是体现人与其自身、社会相关活动一切存在的总和，是塑造人们观念，影响人们行为的一种特殊的价值观。

一、中华优秀传统文化的当代价值

中华优秀传统文化为中国文化建设与发展提供了丰富的资源。优秀的传统文化所孕育出来的奋斗精神和高尚情怀，为建设引领世界文化潮流的先进文化提供了丰富的精神和物质资源。文化强国战略能否顺利实施，中华优秀传统文化的继承与发展是其关键所在，是传统文化现代化实现的必经之路。

中华优秀传统文化在文化的各个领域中都有其存在的表现。中国的传统文化是道德至上的道德文化，例如"修身治国齐家平天下"的以德行政之说；生活中"老吾老以及人之老，幼吾幼以及人之幼"的博爱情怀等，中华优秀传统文化自始至终蕴含着自强不息的奋斗精神、和谐统一的博大胸襟。

二、中华优秀传统文化现代化的必然性

（一）当代的社会主义文化建设需要传统文化为其提供源泉

在亚洲经济迅速发展和中国在世界上的觉醒后，不仅是中国经济的发展备受世界的关注，中国文化软实力的状况也同样被世界所瞩目，使人们开始重新审视中华优秀传统文化的巨大力量。中华优秀传统文化是化解人类社会所要面临的矛盾与困难的基础保障。中华

优秀传统文化是一个追求真、善、美的人生境界，它所关注的也是人与自然的生命存在问题、人与人的个人德行问题、人与社会的人生价值问题。其中不管是人与自然、人与人还是人与社会，和谐是我们传统文化中一直所追求的最高境界。正如现在我们所面临的人与自然、人与社会、人与人、人与自身以及不同文明之间的冲突所造成的生态、社会、道德、精神以及价值五大危机的解决办法我们都可以在中华优秀传统文化中找到答案。

（二）中国特色社会主义的发展离不开文化的积淀，更离不开传统文化精华部分的灌溉

我国以人为本的和谐社会就是继承了传统文化中"和"的文化。《庄子》中曾说"天地与我并存，而万物与我为一"。弘扬"和"文化就是提高人们的道德情操，促进人格完善，端正解决问题的态度，促进正确解决问题的方法。从而形成以和为美、以和为善、以和为贵、以和为荣的共识和社会风尚。因此，我们决不能忽略传统文化的力量，同时不论是文化软实力的发挥还是文化创新的需求都离不开我们优秀的传统文化作为基础，为中国特色社会主义文化建设提供源源不断的文化精髓。

（三）当今的时代精神推动着传统文化的创新

改革开放以来我国的经济得到了迅速的发展，国际地位也得到了不断提升，国防力量得到了显著的提高。在随着时代的改变，我们所处的时代精神也在不断地变化，并对我们提出更高的要求。当今的社会要求不论是在政治上、经济上还是文化上，都要求我们应该以改革创新为核心，与时俱进、开拓进取、求真务实、奋勇争先。一定社会的经济、政治决定着这个社会的一定文化，同样一定文化也可反应或反作用于一定社会的经济和政治。

传统文化不仅是中国特色社会主义文化建设的理论来源之一，同时也是中国时代精神的思想基础。目前中国的道德建设、生态文明建设以及经济建设等问题都不可能缺少传统文化教育的再挖掘和再思考。而在解决生态环境问题上，传统文化中"天人合一"倡导人与自然和谐相处的思想也对我们的社会主义生态文明建设起到了影响。因此，我们可以看出对于传统文化的创新发展仍然具有时代的必要性。

三、传统文化现代化的原则

（一）符合中国特色社会主义文化的前进方向

任何文化都是一定社会政治与经济的反映，并服从于这个社会的政治与经济建设。中

国特色社会主义文化建设的发展方向主要有两个关键：一方面是坚持马克思列宁主义的理论指导。中国特色社会主义文化是社会主义经济下的文化，因此其本身一定会遵从于社会主义，牢牢坚持马克思主义在文化建设中的指导地位不可动摇，并坚持其在各个时期下所形成的中国特色社会主义理论的指导，并不断用传统文化中的优秀资源建设中国特色社会主义文化建设，完善和创新理论的发展，并毫不动摇地坚持此关键。另一方面是由于不同国家都有属于其代表着自身的文化，这种文化正是社会核心价值观的体现，因此对社会主义核心价值体系的建设也是中国特色社会主义文化建设方向的关键。不管是哪个国家不管是哪种文化，纵观其国家核心价值凝结的过程，都是本国的传统文化在引领着文化的变革。文化的继承、发展、创新等一系列的问题，都始终围绕着核心价值体系的建设才能够把握好社会文化的发展方向。价值体系在文化中具有决定作用，文化具有什么样的特征都是由不同的价值体系所决定的，不同的文化特征赋予价值体系不同的文化属性。所以我们的社会主义文化价值体系才会具有了独特的文化属性。

（二）适应时代背景的发展

当今世界的发展趋势将会在经济全球化的带领下，进入文化全球化的时代。中华优秀传统文化能够在人类文明之中能够保持蓬勃发展的生命力，具有极强的包容性和融合性是一个重要的原因。因此，我们应该在全球化时代中，让中国特色社会主义文化汲取传统文化中包容思想，坚持兼容、创新的原则，以"洋为中用"的态度，让文化"百家争鸣，百花齐放"。

第二节　高校传统文化的传承与创新

文化的传承就是文化在社会成员中纵向交接的一个过程。文化背景制约着这个过程，所以文化传承有着模式化的要求，形成一种文化传承机制，让人类的文化具有稳定性、延续性和完整性等特点。文化传承体现在以下方面：

第一，中华优秀传统文化的再生产。中华传统文化历史悠久，它凝聚着"天下兴亡，匹夫有责"的重要社会责任和"天将降大任于是人也"的重要历史使命，它召唤华夏儿女要心怀天下，志存高远，勇于承担重任，建功立业。文化深入价值观，深入思维方式，深入个性和品格，是人们的灵魂所在。

第二，我党先进文化的发展方向。建设社会主义时期，我国加强了物质文明和精神文明建设，自觉抵制腐朽思想文化的侵蚀，深入持久地进行科学世界观和革命人生观、价值观的改造，始终保持思想道德上的纯洁。

第三，一脉相承的"文化基因复制"。

第三章 高等教育实践教学质量保障体系构建研究

关于实践教学体系，学术界一般从广义、狭义的角度来加以定义。广义的实践教学体系指实践教学中各个要素组成的相互联系、相互制约的有机整体，包括目标、内容、管理、保障等几个子体系。狭义的实践教学体系则是指实践教学的内容体系，即围绕专业人才培养方案，在制订教学计划时，通过合理的课程设置和各个实践教学环节（实验、实习、实训、课程设计、毕业设计、创新制作、社会实践等）的合理配置，建立起来的与理论教学体系相辅相成的教学内容体系。

第一节　高等教育实践教学体系相关理论概述

一、组织能级管理

组织能级管理是一种较为传统的高校教育管理方式，它是通过一级一级的行政组织及其权力来实施对高校教育的管理。这种管理方式中最主要的是强调计划性管理，强调上下级组织及管理者的服从管理。

这种管理方式对管理者的素质要求高，特别是管理组织中的各级首长要遵循管理的民主性原则。在管理抉择的活动中，在制订计划中，不仅要听取同级组织中成员的意见，而且还要听取下级组织中成员的意见，充分发挥民主参与的作用，把成员的智慧为我所用。同时，要让各级组织的成员充分理解领导者的意图，认同领导者的意图，只有这样，组织的目标才会很好地完成。

此外，依法管理的原则在组织能级管理中尤为重要。能级管理中强调的是以第一领导人为中心，管理者依靠行政权力进行管理，往往会造成个人说了算，而依法管理是对管理者的无序和独断专行的制约。

二、目标绩效管理

目标绩效管理是当前许多高等学校尝试的一种新的管理模式。教育目的与任务的不同，教育行政或教育组织目标绩效管理的内容也不同，但是，都是以体现教育价值的结果为目标的。事先要确立一个客观的目标，然后，通过一个阶段管理活动的实施，评价管理活动实施的最终业绩和效果，体现管理的价值。因此，这种管理要遵循正确的导向性原则、目标与考核挂钩适度的原则、公平公正的原则。

一般来讲，目标绩效管理是一种完成中短期、阶段性任务的管理活动，是为中长期的规划和目标服务的，正确的导向性原则是指制定目标的指导思想导向应该十分明确，这种措施的导向就是为达到中长期的发展目标和工作目标服务的。目标的导向性对于组织的管理，因为管理者确定的目标本身就是一种导向，是通过具体目标的实现达到促进某方面工作的推进，某项事业的发展。这是管理者在推进这种管理模式的时候必须要考虑到的最根本性的问题。同时，体现在目标的具体指标任务上，要有导向促进作用。目标与考核挂钩适度是一个比较难把握的原则，因为，它的核心是与集团组织或者个人的利益挂钩，它要考虑很多客观的情况。第一，它与组织内部的人事分配制度有直接的联系；第二，它与组织外部的利益分配环境有很大的联系；第三，它与管理者的期望值、组织成员的期望值有很大的关系。这种度把握得好，导向的功能就强，导向就是成功的，反之导向就是失败的。

在目标绩效管理中，一般来讲，管理的对象是多个组织、多个群体，因此，管理活动特别注重公平公正的原则。管理活动的公平公正原则主要有三个方面：一是指标体系确定的公平性；二是过程管理的公平性；三是考核评价的公平性。指标体系的确立，公平公正地获取真实的考核信息，严格执法，在最终的结果处理上不搞双重标准。不考虑组织及其成员中的差异性，不规范管理者自己考核过程的行为，价值信息结果提取不公平，矛盾处理中决断不公正，必将会导致价值的扭曲，影响管理的效果，甚至会导致管理活动的失败。

三、标准量化管理

标准量化管理模式与目标管理在某些方面有共同之处，是高校教育行政和高校教育组织管理今后发展的方向之一。目前，国内的高校教育行政管理和一些高校教育组织已经开始探索和实施标准量化管理。例如，国家实施的高等学校教学工作水平评估就是典型的标准量化管理方式。同时，有些教育组织内部在某些方面推进国家质量论证标准的管理，特别是可量化管理的活动实施标准量化管理，如教学活动的过程管理，对于某些教师教学行为的规范要求、实验室实验教学的规范要求、教学管理的规范要求等是可以量化的，在这些领域实施标准量化管理是一种有益的尝试。那么，这种管理方式要遵循标准的权威性原则，实施办法的简洁性原则和运行过程中的可操作性原则。

标准量化管理一定要有定量标准的权威性，不论是国家的、社会的，还是团体组织的，必须由权威部门组织权威专家制定质量论证标准，与目标管理一样，也同样存在标准的高低问题。缺乏权威性的标准量化管理往往达不到好的效果，搞不好会适得其反。

标准量化管理最主要的问题之一是实施和操作过程中的简洁性及可操作性，这也是必须要遵循的原则。标准量化管理本来是一种非常明确的管理方式，但是，如果把标准搞得很复杂，结果将会事倍功半。

四、多种组合管理

不论是高校教育的宏观管理还是微观管理，特别是有一定组织规模的管理，还不能说只是某一种专一模式的管理，可能是一种组合模式的管理。这是由于社会形态的多样性决定了管理模式的多样化。因此，推进两个及以上的多种管理模式必须要遵循整体的原则、高效的原则。

作为一个团体及组织，总的目标是一致的，多种组合管理模式只是方法的不同，那么，在具体实施这些方法中要考虑整体性，否则，A 模式和 B 模式不从整体性考虑，各自为政，结果会出现许多矛盾冲突，产生组织内部的不平衡，这种不平衡产生投入与产出、付出与所得的差异，可能会影响最终的效果。可以容许不平衡，因为没有绝对的平衡，这种不平衡是一种积极行为的话，那么，应该是正面的效应，但是，要从整体考虑这种不平衡，因为，不同模式的实施是有成本的，不同模式的成本要考虑整体的成本，最后达到共同的管理目标与效果。

在一个组织内部，多种组合管理模式是容许的，但是，这里存在一个效率的问题。一个组织内部的多种模式管理不同于单一的模式管理，牵扯到管理者的许多精力，另外，管理的组织机构运转起来也稍感复杂，势必影响管理的效率。所以，实施多种组合模式的管理要遵循效益性原则就显得尤为重要。

第二节　高等教育实践教学体系存在的问题

高校是培养人才的重要场所，高校的学生工作管理直接影响着人才的培养质量，影响着高校和社会的稳定。因此,各高校都十分重视学生工作管理,结合新形势对学生工作管理进行了积极的、有益的研究和实践探索,取得了一定的成效,但目前仍面临很多挑战,存在一定的问题。

一、社会主义市场经济的深入发展使学生工作管理面临严峻的挑战

随着我国改革开放的不断深入,人民生活水平进一步提高,广大人民群众对接受高等教育的需求愈加迫切。为了适应改革开放的形势、满足各行各业对人才的需求,党中央、国务院及时做出了高校扩招的决策,高校招生人数连年增加,在校生人数持续增长。高校逐步实现了由精英化教育向大众化教育的过渡,但生源质量下降是一个不争的事实;交费上学,导致经济困难学生增多;高考取消年龄限制、学分制和弹性学制的实施、后勤社会化改革都给学生工作管理带来了相当大的挑战。加上很多高校对形势估计不足,也出现了很多问题,例如学生宿舍建设滞后,不得不推迟开学时间;食堂容量小,学生就餐拥挤;教室数量少,仅能满足学生上课之用,学生自修教室紧缺,导致学生宿舍成为学生的主要自修场所;文化体育场馆建设滞后,学生课外活动较少,学生的体育文化生活相对单调。此外,随着市场经济的发展,大学生的思想观念、价值取向发生了巨大的变化,大学生思想活动的独立性、差异性日益增强,原有的单一学生工作管理模式已无法达到预期的效果,学生工作管理面临着严峻的挑战。

二、传统管理模式的弊端使高校学生工作管理面临新的问题

传统的学生管理模式固然有其历史必然性以及成功的做法和经验,但在新的情况下存在着难以克服的弊端。从现状上看,有些高校的学生工作管理仍然停留在处理事务的阶段,常常重管理、轻服务,认为学生工作管理者在管理过程中起主导作用,学生只是起辅助作用;学生只是被管理者,在管理过程中,学生要服从学生工作管理者的管理、听从学生工作管理者的安排;停留于管好学生、管住学生的阶段;以满足学校的现实需要即学校的稳定和发展为重点,而不是以满足学生的发展需要为重点来开展工作。总的来看,学生工作管理者采用行政化的教育管理方式,对学生训导多,平等交流解决问题的机会少;充当长者、管理者的色彩浓,担当朋友、服务者的色彩淡;空洞的说教多,能真正满足大学生情感、生活等需求等有效的工作少;被动解决问题的多,积极主动为学生综合素质的提高和发展创造广阔空间的工作少。面对新时代、新形势的需要,学生工作管理者应该转变思想、更新观念,树立以人为本、以学生全面发展为中心的理念,为学生的发展创造一个广阔的平台和空间。

三、学分制和弹性学制的实施使学生工作管理面临新的变革

目前，全国各高校普遍实施了学分制。在学分制下，学生工作管理打破了学年制整齐划一的教学管理模式，学生专业班级观念淡化，形成了以课程为纽带的、多变的听课群；不同专业甚至不同学校的学生在一起学习，学生工作管理不仅局限于本专业学生，而且还要管理选修课程形成的其他专业或其他学校的学生。同时，学生工作管理除了对学生进行教学、思想和生活管理外，还须指导学生选课，帮助学生构造合理的学科知识结构，并要求学生在老师的指导下，由定向学习变为自主学习，学生工作管理由学年制下的指令性管理变为指导性管理。在这种现实情况下，学生工作管理必须寻找和构建新的"平台"。

四、学生工作管理队伍储备不足和不稳定制约着学生工作管理的成效

目前高校学生工作管理面临的一个重大难题就是人员空缺和人员素质不高。辅导员分布也极不平衡，有的学校一名辅导员要负责大几百名或者更多学生。有很多高校的辅导员都比较年轻，看似容易与学生沟通却管理经验不足。这些问题的存在致使高校学生工作管理力度不足，管理效率低下。高校学生工作管理内容庞杂，事务琐细，全校凡涉及学生的各个部门的工作，最后的落脚点都在辅导员身上，"千条线一根针"。再加上现行工作体系的约束，学生工作管理者不可避免地陷于每日的事务中，疲于应付。这就使学生工作管理表面化、肤浅化，流于形式，难以对学生日常行为、生活、学习等方面进行高效、规范、科学的管理，严重影响着学生综合素质的提高。

五、高校新区建设和高校后勤社会化给学生工作管理带来新的问题

高校后勤社会化，实际上是建立一种教育成本分担机制。目前，我国大多数高校实现了高校后勤社会化。高校按市场经济规律运作，开放学校市场，允许社会上的人员、资金、技术、设备开发校内市场。这些经营者进入高校市场的主要目的是盈利，而学生在缴纳各种费用的同时也树立了投资意识，对学校教学、生活条件有了更多、更高的要求，这就容易产生矛盾。随着高校招生规模的扩大，许多高校原有的校园难以满足学生的学习、生活要求，各高校纷纷在原有校园外建设新校区，这造成同一专业的学生或者同一院系的学生分开接受教育，严重冲击了以前按院系管理的模式。在这种新的形势下，探索新的学生工作管理模式将是学生工作管理面临的新课题。

第三节 实践教学体系存在问题的原因分析

一、环境因素：社会转型加快与教育发展滞后

当前，我国社会正处于转型期。我国的社会转型是在中国的传统文化、社会主义制度的文化背景中展开的，其实质就是由传统农业社会向现代工业社会、传统封闭社会向现代开放社会、高度集中的计划经济体制向以竞争和利益导向为主要特征的社会主义市场经济体制的转变。而且这一过程必然带来社会体制及其运行机制的变化。马克思主义认为，物质生产活动是人类最基本的实践活动，它是一切其他社会活动的基础和决定性因素，教育活动也概莫能外。教育不可能脱离社会物质生产的需要而发展。社会发展丰富了教育资源，改善了教育条件，提高了教育水平，顺应了时代发展的需要，高等教育进入由精英教育向大众教育转变的阶段。一方面，急速扩招在满足大众接受高等教育需要的同时，加重了高校自身的负担，造成师资的严重紧缺；另一方面，教育的时滞效应决定了教育改革从开始实施到完成是一个渐进的过程，人的成长成才亦需要一定的时间。因此，不可避免地会出现社会物质生产的急剧变化与教育变革滞后之间的矛盾。

改革开放的深入发展和社会主义市场经济建设的全面展开，将中国带入了一个以现代化为根本特征的全面深刻的社会变革时期。现代化的实践要求现代化的价值观念和伦理精神的支撑，需要与之相适应的高校学生工作管理理念与操作体系。但是就方法而言，高校学生工作管理多坚持灌输的方法，以说教为主，忽视了社会转型所带来的教育环境、教育对象发生的巨大变化。就目标而言，基于单一的、封闭的社会结构，在特定的教育教学环境中，着力塑造符合某种特定目标的学校角色，这种学校角色往往与社会转型期所要求的人才特质相脱节。从本质上说，在现代社会开放和价值多元的背景下，高校学生工作管理因为忽视了学生的主体性本质及其自主性和创造性，而在解释现实问题、解决矛盾冲突方面趋于苍白，不能发挥其应有的塑造学生人格、传承时代精神的历史使命，进而引发高校学生工作管理中的"多米诺骨牌效应"。

二、人的因素：学生思想多元化与不稳定性

随着改革开放的深入，特别是高新技术的迅猛发展，信息手段不断更新，信息传输速度日益快捷，学生对各种思想、文化的接收有了更快捷的方法，各种思想和价值观念随之

汹涌而来，这势必对大学生产生巨大的影响。主要表现为学生思想逐步由单一趋于丰富，封闭僵化转向开放活跃，呈现多元化的发展趋势。

新一代大学生是在改革开放的环境中逐步成长起来的。他们是最积极、最活跃、最有生气的群体，其思想品德的形成、发展具有强烈的时代特征：主体意识不断增强，自主意识不断强化；思想活跃，具有强烈的进取心和好奇心，易于接受新鲜事物，能够通过各种方式和途径获取知识和信息，文化反哺生动说明了他们在获取信息方面的超前性；思维敏捷，具有极强的灵活性、批评性和独立性。特别是伴随网络技术的发展，处于数字化生存状态的大学生们有了更多自主选择的权利和空间，这为他们了解各种基于不同文化背景、主张的多元价值观提供了平台，加剧了多元价值体系的相互碰撞。

事实上，面对价值观念的多元化，他们时而表现出"自主与依赖的矛盾、自信与自卑的矛盾、感情与理智的矛盾、要求与满足的矛盾、冲动与压抑的矛盾等"，从而产生价值评价及选择的迷茫和困顿，在思维方式和行为方式上出现偏颇，加大了高校学生工作管理的难度。

第四节　高等教育实践教学体系的构建

一、以"柔性管理"思想为指导，更新管理理念

我们已经知道，在学生工作管理中"以人为本"是柔性管理的核心，同时也是柔性管理的价值取向，更是柔性管理的核心指导原则。高校的学生工作管理特别是院系的学生工作管理的出发点和落脚点应该是学生的成长成才，以培养学生德、智、体、美、劳全面发展的为最终目的，使得学生能够成为社会主义的建设者和接班人，这才是高校学生工作管理的根本任务。

（一）确立以学生为本的管理理念

高校要在实际工作中树立起以学生为本的学生工作管理理念，就要通过相应的规则确定学生在高校的学生工作管理中的主体地位，充分突出学生的主体性。这也就是说，在学生工作管理过程中，学生工作管理人员要时刻以学生为中心，发掘学生的潜能，发挥学生参与管理的积极性，引导学生维护自身的合法权益；关心学生发展，帮助解决他们在日常学习和生活中出现的各类问题，真心诚意地为学生服务。

以生为本、服务学生的理念要求高校院系在实施具体的学生工作管理中，要考虑到学生的主体性和个性发展，减少一些强制性的单一性的内容。基层管理人员在具体工作中要做到：尊重学生的个性诉求（基础），关注学生的身心健康（关键），服务学生的各类需求（方式），发展学生的综合素质（目的）。尊重学生就是尊重学生的个性诉求，尊重学生在高校中的主体地位。高校成立的基础是学生，所以在具体工作中，要尊重学生的主体地位，尤其对特殊学生更要加倍重视。关心学生就是关心学生的学习和生活，及时掌握学生在学校的学习和生活的具体情况，帮助学生解决问题，让他们感受到学校的关爱。服务学生就是以学生需求为导向，努力培养适合学生发展的软硬件环境，促使学生进行良好的自我管理，促进学生形成正确的人生观和世界观。发展学生是以学生为本的目的，也是尊重学生、关心学生、服务学生的归宿，最终都是为了学生的全面、协调发展。

（二）坚持民主管理

民主管理对于现代管理、对于我国高校院系学生工作管理既是手段又是目标。一方面，它是院系学生工作管理有效性的重要保证。通过学生广泛参与，可以树立主人翁意识，牢固学校的凝聚力和向心力。另一方面，它能培养学生的民主意识，增强学生参加学校管理的积极性。

民主管理内涵非常丰富，它是现代管理的重要内容之一。根据当前我国高校的实际情况，在高校院系学生工作管理中，民主管理的理念应着重体现在两个方面。第一，以人为本，认同学生的主体地位；第二，讲求宽容，为学生发展提供宽松的环境。

1. 以人为本，认同学生的主体地位

实施对人的管理是学生工作管理的本质，因此，在学生工作管理中，必须始终贯彻以人为本的核心思想。学生是高校管理的对象，也是高校管理的主体。因此，"为了一切学生，一切为了学生，为了学生的一切"的思想，应该成为高校学生工作管理的基本理念。这也是柔性管理理论中一个重要的概念。这就要求学校涉及学生的各个部门都要树立起以学生为本的核心思想，实行民主管理的方式。基层学生工作管理者对学生的个性发展要正确认识和充分尊重，对学生的意见和要求要广泛听取，将学校和学生的发展融为一体。在各项规章制度的制定过程中，要调动学生参与的积极性，同时增加透明度；对学校院系各项工作中存在的问题，要鼓励学生主动积极参与管理，听取来自学生的意见，以此来充分有效地调动学生"自我教育、自我管理、自我服务、自我激励"的积极性。

2. 讲求宽容，为学生发展提供宽松的环境

宽容就是要求学生工作管理人员尽量理解或亲身参与到学生的各种创造性活动中去，

鼓励学生在校园文化活动中百家争鸣、百花齐放，不要用简单划一的制度和方式去规定学生，减少对学生的强制要求和无谓监督。既然有创新，也就意味着有风险，宽容就是要求学生工作管理者特别是院系学生工作管理者要有勇气去替学生承担风险和压力，力所能及地为创新性学生提供帮助和支持。当前大学生体现出个性多元化、发展差异化的特点，院系学生工作管理人员不仅要考查学生学业知识，还要考查学生的道德、创新以及实践能力等方面，以促进学生的个性化发展。

（三）强调管理服务意识、实现个性化管理

市场经济的建立和高等教育大众化的发展，使高等教育成为一种消费，大学生就是特殊的教育消费者。"教育是一种具有服务性质的实践活动，教育服务就是教育活动的产品，或者说是一种服务形态的产品，教育产品是教育服务。"市场经济条件下，服务的提供方是高校，学生作为消费者，那么在市场上、在学生付出学费的前提下，学生有权利要求高质量的教育服务、享受优质的教育资源，而高校也必须提供相应的教育服务。因此，高校学生工作管理理念必须要进行转变，而院系作为与学生接触最密切的基层组织，其本质就是要坚持以服务学生为学生工作管理理念，这就要求学生工作组织以及学生工作管理者要根据市场经济发展的各项要求为学生提供服务，要一改以往行政化的学生工作管理作风，实现学生工作管理向规范化、制度化、科学化的方向转变。

理念为行动指明了方向。院系学生工作管理者要学会转变角色思考问题，要多从学生的角度出发，思考学生面临什么问题，应该如何处理。要搞清学生当前的思想动态，把解决学生的问题作为学生工作管理的出发点和归宿；同时，发挥学生的主动性，使得学生参与到学生工作管理当中来，让学生提出积极的意见，这也是培养他们发现问题、分析问题、解决问题能力的一大重要举措。

二、坚持以学生为本，改革和完善院系管理体制

（一）建立院系党政共同负责学生工作管理领导机制

建立党政领导共同负责学生工作管理的领导机制，可以全面整合院系各部门的力量，使得院系教务、行政等各部门分工协调，促进基层院系学生工作管理有序开展。在院系党政领导的共同负责下，学生工作管理既不是单纯的思想教育工作，也不是单纯的行政管理工作，而应该既是思想教育工作，又是行政管理工作。为了确保党政共同负责落到实处，可以在院系党政联席会议上单列一项学生工作管理，用以保障学生工作管理顺利、高效开

展。

需要说明的是，各项工作的开展要学校学工处发挥指导功能。同时，学校有必要赋予院系学生工作管理部门一定的行政权力和主动权，否则，仅作为与院系同等的职能部门，其各项工作极有可能得不到有效开展，导致院系学生工作管理部门的职能与目标存在距离，从而达不到预期的管理目标。

（二）以学生的发展和需要为依据进行组织机构和职能设置

院系基层学生工作管理必须建立在配备完善、工作得力的学生工作管理机构的基础上。长期以来，院系的学生工作管理机构虽然采取了不同的设置形式，但是无论采取哪种设置形式都必须满足学生受教育的需要，满足一定的设立条件。比如：是否适合学生全面发展，是否能使学生工作管理人员顺利开展工作，是否能够使得院系学生工作管理部门达到预期的目的。

由于大学生数量不断增多，事务量也在增大。虽然近年来学生工作管理组织进一步扩大，学生工作管理人员数量进一步增多，但是院系学生工作管理人员既要应付日常学生工作管理，也要随时处理突发事件，往往有些力不从心。为此，院系学生工作管理部门应当以管理职能化、规范化为目标进行部门设置，细化管理职能，以更好地满足学生的需要。具体来说，院系层面要成立或者设立以下几个与学生利益相关的办公机构。

在院系层面上成立院系资助工作办公室，专门负责管理院系学生的各种经济资助事务。具体职能：做好与学校的资助管理办公室的任务衔接，同时，根据本学院的专业特点与有意向资助单位进行联络，负责资助信息的收集和发布。要做好学校奖学金、助学金的发放工作，适时提供一些勤工助学岗位信息，等等。院系资助工作办公室一是深入学生中摸查情况，全面了解学生经济状况，做好贫困生建档工作；二是努力构建和完善以"奖、贷、勤、助、补"为主体的资助体系；三是对贫困学生开展励志教育，引导贫困学生自强不息；四是大力开展诚信教育、感恩教育，引导贫困学生以实际行动回报社会。

（三）加强院系学生工作管理队伍专业建设

优秀的学生工作管理队伍是基层院系学生工作管理开展的组织保障。一支高水平的学生工作管理队伍，是基层院系学生工作管理开展的有效保证。我国高校基层学生工作管理者称为辅导员，要打造一支优秀的辅导员队伍就要注意以下几个方面。首先，要建立辅导员的聘用选拔体系。以"专业化、科学化"为原则，在选拔过程中不仅要考核辅导员的专业知识还要考察辅导员的作风、纪律、观念，要高标准、严要求。其次，要建立辅导员培训发展机制。结合高校学生工作的特点，制订辅导员培养计划，可根据实际制定出固定培养机制、临时培养机制。再者，要建立辅导员队伍的绩效考核和监督评价机制。实行量化考核，对辅导员的工作进行动态管理，要增加考核工作的透明度和实效性。最后，要建立辅导员激励和淘汰机制。要重视辅导员的个人发展，在辅导员的评先评优、职务晋升上要建立起完善的机制；对于考核中表现不及格或者在任期内发生重大事故的辅导员要进行批评和教育，严重者要从辅导员队伍中除名。

院系学生工作管理办公室要注重专、兼职辅导员的学习培养和教育管理，专、兼职一视同仁，责权利清晰，形成一支团结上进、富有朝气和战斗力的辅导员团队。通过辅导员培训、交流和考核等多种形式，着重提升辅导员的以下五种能力。

1. 服务大局，提升凝聚力

学生工作管理队伍要紧紧围绕学校奋斗目标、紧扣学校发展定位、紧跟学校发展步伐，做到盯得住目标不偏离、耐得住寂寞不放弃。全体辅导员和学生工作管理者要互帮互助，团结协作，共同进步。

2. 加强修养，提升道德力

要求辅导员示范德行，带头遵守校纪校规。在工作中做到平等对待学生，牢固树立以学生为本的理念，尊重学生创新性，关心学生疾苦，了解学生的难处，始终不忘责任，不辱教师使命。

3. 持之以恒，提升学习力

首先，院系要为辅导员提供学习的平台，为辅导员"充电"提供良好的环境。其次，要培养辅导员独立思考的能力。因为当前我国高校从事专职辅导员工作的人员大多数是刚刚参加工作的研究生或者本科毕业生，社会阅历不足，缺乏处理问题的经验。最后，辅导员要坚持理论与实践相结合的原则，努力把理论知识转化为谋划学生工作管理的思路、解决学生问题的办法和推动学生工作管理的本领。

4. 与时俱进，提升创新力

院系还在一定程度上要求全体辅导员努力探索学生工作管理新途径，解决学生工作管理中出现的新问题。

5. 爱岗敬业，提升执行力

要求每一名辅导员勤恳踏实、爱岗敬业，做到坚持政策不走样，灵活把握不教条。同时，认真负责，经常深入班级寝室，了解学生情况，解决学生矛盾，疏导学生情绪，坚持处理矛盾讲究策略、解决问题注意方法。

三、完善院系学生工作管理的内容架构

（一）构建以学生安全管理为基础，促进学生全方位发展的保障平台

高校基层院系学生工作管理最基本的职责是保障学生生命、健康和财产安全。院系必须采取有效措施构建一个安全、稳固的平台，为学生创造安全的学习、生活环境，以保护学生的生命、健康和财产安全。

1. 要牢固树立安全第一的思想

利用网络、板报、展板、开主题班会等形式，经常性地开展安全法制教育，使安全防范意识更加深入人心。比如加强学生的安全意识，特别是防盗、防骗意识。

2. 加强对特殊学生的管理

院系学生工作管理者要时刻掌握特殊学生的情况和思想，一旦发现问题，要及时进行干预，必要时上报学校学生工作管理部门，寻求更高层面上的帮助。同时，还要关注产生问题的原因，以从根源上解决问题。如针对孤儿、单亲家庭学生，院系可以多组织些座谈会，让孤儿、单亲家庭学生互相了解，增强生活信心；针对家庭困难学生，院系可以提供一些勤工助学岗位或者发放困难补助，帮助其解决经济问题；对于有学习方面困难的学生，学院安排教师或者学习成绩较好的同学展开帮扶。

3. 完善突发事件应急预案和学校公寓管理办法，成立学生公寓管理委员会、文明纠察队等

要经常性地进行突发事件的演习，使得学生工作管理者在演习中不断丰富经验，当危机来临时，可以以良好的心态和恰当的方法来应对。建立完善的危机预警机制。一个完善的危机预警机制，是院系面对危机的最主要的手段之一，对于解决危机起到不可估量的作用。

（二）构建指导学生成长成才，促进学生全面发展的服务平台

当代大学生应当具备的各项能力，概括而言可以归纳为思想领域和实践领域两方面。其中实践领域包含专业技能、人际交往能力、应变及抗压能力等。

基层院系学生工作管理的主要内容是全方位的学生发展指导。学生的全方位发展是院系学生工作管理内容的本质所在，以学生全方位发展为依据，建立起培养学生综合技能的帮扶指导平台。第一，构架学生的专业规划。当前很多院系的学生在校学习了一年还不知

道本专业到底是什么。针对这一问题，有必要让学生从入校开始就懂得专业概念，并深刻地了解本专业的学习特点、学习方法。第二，指导并培养学生适应社会的各项能力。院系必须充分了解当前的社会发展现状，结合当代学生的各类特点，有针对性地组织开展相应的活动，制订行动方案，且贯穿于大学生活的始终。

 **高等教育内部质量保障体系五个子系统的构建**

高等院校质量保障是高等教育评价与质量控制活动的进一步深化与系统化，是在两者的基础上，促进高校达成教育质量目标，满足相关群体的利益的过程。目前各学校的这项工作还处于手工管理阶段，信息资源的数字化程度低，不够完善，大部分教师授课学生学习状况尚未数字化，不利于科学管理和决策。在教学过程中，教师与学生间的沟通也极为不便。高等教育的重中之重就是人才的培养，人才培养就涉及教育水平，课堂教学质量、教学内容和教学手段。

第一节　当前高等教育质量监控中存在的问题

目前，大多高校内部的教学质量监控是由校级督导委员会来完成的，而这一督导团队多以退休教师组成。这对高校的有效教学和教学质量的督促起到了一定的作用。伴随着高校规模的逐步扩大，教学质量督导工作督促有限，具体表现在：其一，学校规模的持续扩大，加之督导人员有限，导致督导工作量日益增大，常规性的督促工作也很难正常展开；其二，督导人员本身的知识结构及信息水准与现实的教学实际呈现差异，对督导对象往往只能进行有限的指导，致使引导乏力。

多数高校的教学质量评估是以"学生评教、教师评教、专家评教"为主要形式的，单纯从教的角度去评教，缺少从学的角度考虑切入，往往忽略了教学的双重属性，忽略了教学的其他众多的教育性因素，这是部分高校当前教学质量评估工作中的一个偏差。同时大多高校的教学质量评估工作往往是"重结果而轻过程"，因此，普遍存在着"督""导"脱节的现象，这样"督"的效果就十分有限，"导"的成分几乎体现不出来。鉴于此，构建科学、有效的教学质量监控体系与运行机制尤为重要。

第二节 教学质量监控体系与长效运行机制构建要素

我们要保证教学质量监控体系的科学运行和长效方法的构建，要建立起完备的教学质量监控体系。这一体系的构建要素一般包括权威组织机构与高素质管理队伍构建、科学评价体系与监控手段、完善的信息机制和畅通的教学信息反馈渠道、规范的管理制度机制与保障、教学成果培育机制和激励与约束机制、建立完善的教学保障机制。

一、权威组织机构与高素质管理队伍构建

（一）权威组织机构

高校内部教学质量很大程度上取决于是否建立了健全的组织机构，高校内部教学质量监控体系能否发挥应有的作用是关键点。将高校内部教学质量监控职能独立于教务处之外，承担学校的教学质量监控职能作为常设机构，统筹全校的教学质量管理工作，直接向校长负责，设立教学质量管理办公室，既有利于清理教学与监控的关系，又有利于教学质量监控长效机制的建立。

教学质量监控是一项复杂而严肃的工作，需要设立权威组织机构，确保监控有效运行。这一权威组织机构的权威性取决于构成成员的学术权威性、评价科学性和这一机构行政执行力的权威性。

（二）高素质管理队伍

建立高素质管理队伍是高等学校加强质量管理的关键。高等学校的人才培养目标和肩负的社会使命决定了它不仅需要一支优秀的教师队伍，更需要一支高素质的管理队伍。管理水平的高低，直接制约着学校的发展，管理人员的知识素养和管理能力，对于学校全面质量管理起着决定性的作用。在调研中发现，但凡人才培养质量过硬、社会美誉度高的名校，在权威组织机构与评估专家组成员配备方面都很重视。

（三）科学评价体系与监控手段

科学评价体系与监控手段可从多个角度出发，以填表打分的形式形成课堂教学质量评价，对教学目标、教学方法、教学内容、教学效果、教学态度、教学手段等方面做准确评

价，对收集到的评价信息采用模糊数学模型的方法进行科学处理，然后将结果及时反馈给教师本人，以督促其不断改进教学质量工作，提高教学质量。评价机制是建立高校内部教学质量监控长效机制的手段。教学评价机制由教学质量评价标准体系、教学质量评价指标体系和教学质量评价方法体系构成。"大学评价应高度关注教育之质量和学生之质量"，而教学质量与学生质量存在着必然的相关性。

（四）完善的信息机制和畅通的教学信息反馈渠道

要建立高校内部教学质量监控长效机制，信息机制是基础，而信息机制又包括信息搜集和信息反馈机制。而"反馈原理是指系统只有通过反馈信息才能实现控制。控制过程实际上是一个信息流通过程，整个信息流通构成一个闭合回路。反馈是借助受控系统的输出信息反作用于施控系统的输入信息，并对系统的再输出发生影响，从而使系统得到控制和调节的过程"。"建立教学信息反馈体系，是为了从各个方面及时了解有关教学一线的信息，为组织管理系统提供决策依据，及时制定应对措施，改进教学管理，保障教学质量提高"。因此，只有反馈渠道的畅通，教学质量监控系统才可收到及时有效的效果。

（五）规范的管理制度机制与保障

高校完善的制度机制包括：教学管理制度、教学质量监控工作制度和教学质量保障制度。学校教学管理制度是教学质量监控的根本依据。现在普遍实施的完善规范的教学管理制度体系一般都要包括如下内容：学校人才的总目标、学校教学工作规程、教学工作委员会条例、教学事故处理条例、专业设置条例、学科建设条例、课程建设方案、实践教学工作条例、考试管理条例、学生学籍管理细则、教师管理条例、学生管理条例、教材管理条例、教学事故处理条例，等等。

（六）教学成果培育机制和激励与约束机制

高校要以教学理论研究为先导，校企合作为重点，努力培育教学成果，并鼓励和支持教师积极进行教育研究和教学改革，培育优质教学成果并投入生产。通过构建教学成果培育机制和激励与约束机制来提高教学质量。

1. 建立激励与约束机制的策略

建立青年教师培养机制。通过老带新、试讲、教学观摩、青年教师讲课比赛等多种途径，培养和指导青年教师，提高青年教师的教学水平，也有助于青年教师的职业成长。管理过程中可以通过建立良好的激励机制，把教职员工的行动统一到做好本职工作，提高工作质量上来。管理要讲求策略，要以人为本，虽然激励就是管理的有效方法，但也是调动人的积极性、激发人工作热情的有效手段。

2. 建立教学成果培育机制

坚持知识、能力和素质协调发展，坚持教学与科研并重，互为补充与促进，调动教师积极参与教学改革研究活动，着力培养学生创新精神和创新能力。通过科研投入，培育出成果，带动学校整体教育教学水平的提高。例如，陕西杨凌示范区的西北农林科技大学就是将教学科研成果与企业联手打造出产品投放市场，很大程度上提高办学效益和社会知名度。

（七）建立完善的教学保障方法

国家通过高校设置条例对高校办学硬件条件都有硬性的指标规定，如教学经费投入、教学仪器设备、实验室建设、教学用房与运动场地等有相应的标准。教学运行与保障是教学质量的一个重要组成部分，互相促进，缺一不可。一所高校教学质量体系的正常运行，离不开后勤保障机制的支撑。所以，这对规范办学以及提高教学工作水平提供了强有力的物质与政策保障。在硬件保障的同时，建立完善的教学质量软件保障机制也尤为重要。

二、内部质量保障体系结构

高等学校进行教育内部质量保障体系，必须明确教育质量保障的内容。高等教育质量保障内容可分为四大方面：输入质量保障、过程质量保障、输出质量保障、系统效率保障。输入质量主要包括教育目的、高校质量文化、生源、师资等方面。过程质量包括课程建设、教学方法、师生关系等方面。输出质量包括社会输出质量、学生学习质量两个方面。系统效率主要包括师生比、生均培养费用、时间效率、综合效率等方面。各高等学校必须根据社会需求，自身定位和教育本身发展规律，采取有效措施。最后，不断完善适合自身特征的教育质量保障机制。

教育质量信息检测反馈系统作为整个系统过程中的最终处理环节，不仅对整个教育质量保障系统进行着反馈，同时还将作用于教育系统的决策实施系统，保证整个系统的循环性，可以持续长久地对教育质量进行保障。

第三节　教学质量决策实施系统

科学制订并严格执行培养方案。培养方案是保证教学质量和人才培养规格的指导性文件，是组织教学过程、安排教学任务、确定教学编制的基本依据，必须保证培养方案的前瞻性和稳定性；要加强对培养方案制订过程的监控，深入调研、周密论证，从源头上保证培养方案的科学性、合理性；培养方案一经确定，必须认真组织实施，严格执行；确须对培养方案进行调整的，应按规范程序递交申请进行审批。

高等院校内部教学质量保障体系是一个开放的系统，它将输入保障系统的信息进行系统化的处理分析，并通过相关的组织部门对所反馈的问题进行分析总结，制定出新的保障措施，保障学校的教学质量和教学环节，为社会培养出更多的人才。因此可以将整个系统看作是一个投入、运行和产出的保障体系，它的运行也将受到外部环境的影响。

一、环境

高校的环境多种多样，不仅包含校内环境，还包括校外教育环境。学校需要根据不同阶段不同的社会环境，与学校自身相结合，制定相关的教学目标，投入相关的教学管理工作，使学校培养出符合社会需求的人才。

二、投入

高校内部教学质量保障体系的投入主要是对人、物、财三方面的投入。人的投入一般包括学生、教师、相关管理人员等方面的投入。在财方面的投入主要指的是教学经费、科研经费和管理经费的投入。而物方面的投入主要指的是学校教学过程中所需的教学设备、教学设施、教材等资源的投入。这些方面的投入都将是内部质量保障体系得以运行的主要保障。

三、运行

高校教学质量的好坏需要通过系统的运行得以体现，以教学质量保障目标为指导，监控要素系统，通过不断建设和改进，达成教学质量目标，进入下一阶段质量保障循环。保证整个系统有序、规范、充满活力。

四、产出

高校内部质量保障系统的产出主要分为人才的产出、学术成果的产出及科研成果的产出。高校教学主要目的就是能够通过一系列的教学工作，为社会培养出社会所需要的人才。所以在大众化高等教育阶段，产出的质量将是学校教学质量的重要体现。

第四节　教学质量保障支持系统

建立高等教育质量内部保障体系，首先就是要协调教育质量保障主体之间的关系，建立分工协作的教育质量保障主体。高校教育质量内部保障，需要高校内部全员参与，全过程参与，并建立多个机构和组织，共同完成质量目标。在人员的参与上，应以专门的教学管理人员、教学督导员、教学信息员等为主。在机构的组建上，应以教务处为中枢，协调好教务处、院系和教研室等机构之间的关系。所有的质量保障主体，既分工又合作，使质量保障工作有章可循、有条不紊。这个方面必须通过教学制度建设实现，通过制度规范，使各个保障主体职责明确。这样，通过学校多个质量保障主体相互协作，从而调动全体教职工的积极性，同时吸收广大学生参与质量建设，将质量保障贯穿教育的全过程，体现在学校工作的各方面。

在高等教育质量保障的发展中，形成了外部质量保障与内部质量保障相结合的高等教育质量保障体系。外部质量保障重视基于中介组织的评价，内部保障更多关注质量的审计与改进。

我们的思路方法包括：一是"内部教学质量保障体系"建设的系统构成。二是"内部教学质量保障体系"建设的理论设计。三是"内部教学质量保障体系"建设的系统目标。四是"内部教学质量保障体系"建设的运行模式。

为进一步加强该院校对教学工作的领导和管理，适应国家经济社会发展的需要；加强专业结构调整，深化教育教学课程改革，全面加强大学生素质和能力培养；加强教学评估，发挥教师提高教学质量的重要作用。建立保证内部教学质量保障体系由五个子系统构成：教学决策指挥系统、教学保障支持系统、教学执行标准系统、教学监控评估系统和教学信息反馈系统，这五大子系统全面体现了教学质量保障体系的结构、内涵、任务和功能，共同构成了相对完整和循环闭合性的质量保障体系。

以整个教学过程为例，其主要要素分别为：

①环境：包括课堂、教师以及学校。

②运行：运行过程中所监测的内容大致包括教学态度、教学内容、教学方法、教学效果。

③结果：对所保障的教学过程进行监测，所得到的结果大致分为优、良、及格、不及格。

④反馈：通过教学质量保障系统将所得出的教学评估结果反映到保障系统。

我们所要建立的高等教育"内部教学质量保障体系"充分吸收和借鉴了高等教育质量管理的经验，将高等教育质量保障的研究成果系统运用于教学管理中。院校在具体建设中，应当在总结已有本科教学经验的基础上，全面完善教学评价体系，以此为基础建立全面的"内部教学质量保障体系"，并将这样的体系全面运用于教学管理实践中。

我们的工作技术路线：系统梳理和筛选本科教学评价的各种技术方法，尤其是高等教育质量保障体系建设的理论与方法；分析"内部教学质量保障体系"教学质量生成过程和关键质量控制点；通过技术组合形成教学评价的方法体系；在评价基础上构建教学质量保障的体系框架，并形成完善的质量保障与监控体系；推动本科教学质量管理体系的完善；调查分析本科教学现状，梳理现有质量评价、管理的做法，从制度、程序、规范、文化等方面查找各质量控制点的质量管理漏洞；将这样的体系运用于教学管理，并不断完善这样的体系。

全面加强建立保证内部教学质量系统，有西北工业大学明德学院内部教学质量保障监控与评估系统，如，教师的评教系统和学生的学业预警系统，特色鲜明，与兄弟院校开展交流，为教学改革提供客观数据，提高了教学效果，为教学改革提供了大量的可靠数据，推进了教育教学改革深入发展，提高了教师的教学优良率和学生学习的积极性。从理论和实践效果来看，学生培养的质量和教师授课的质量有效提升。另外，"内部教学质量保障体系"建设是一个长期不断完善的过程，其核心和关键在于将教学质量管理不断科学化、程序化、信息化，注重教学质量的全员参与、全过程管理监控，强调教育质量价值共识的形成。课题研究的成果有待进一步在理论上、实践上、应用上、软件开发和文章专著上推广和提高。

党委、校行政要明确学校定位及办学思路，牢固本科教学的中心地位，保证相应的"人、财、物"的投入，制定教学质量保障的政策和制度，组织建立调整教学质量管理和监控的组织机构，对影响全校性教学的重大问题进行宏观调控。

二、教学指导委员会

教学指导委员会要从宏观上总体把握全校教学质量保障工作的方针、政策，对提高学校教学质量提出指导性意见和建议，审定教学质量管理的各种标准和办法，接受教学质量信息反馈，调控影响教学质量的因素，从总体上保障教学质量管理工作的顺利进行。

三、教务处（部）

教务处（部）负责全校范围内的教学质量管理工作，保证质量管理工作的正常运转。教务处负责制定或修订教学管理的有关规定、人才培养方案和教学计划等政策性指导文件，制定或修订教学质量管理的有关文件，组织安排教学运行中的质量调控，开展经常性的教学质量调查研究与检查，组织开展教学工作交流等。

教务处（部）作为教学管理的职能部门，具体职责为：负责制定质量管理方面的各种规范性制度、各环节质量标准和工作计划；组织全校性的教学检查和专项评估工作；组织实施和落实各级领导的听课制度；做好教学信息整理、统计、分析和反馈工作，为领导决策、评优提供依据；建立和完善教学质量监控与评价体系的档案管理工作；组织质量监控工作会议、座谈会、问卷调查等；做好教学质量管理备案和总结等工作。

四、教学系

教学系具体职责为：建立健全本单位质量保障组织体系；制定本单位质量工作计划及具有可操作性的具体实施方案和有关规定；组织本单位的教学检查、评估、督导等工作；教学系作为教学业务部门，具体负责本单位的教学质量监控与评价工作，保证本单位教学质量监控与评价工作的正常运行，按时完成学校安排的各项工作。加强本单位的教风、学风建设；坚持听课制度，并督促、组织实施；建立和完善教学管理档案；组织召开教师、学生座谈会议等，了解教学工作信息；做好统计分析、总结上报、信息反馈、调控落实等工作。

五、各相关职能部门

教学质量管理相关职能部门应认真履行本部门工作职责，做好教学质量保障工作。校实验中心负责对全校实验室建设进行监控和评价。人事处负责对全校教师培养进行监控与评价。学生工作处、学生工作部、院团委负责对全校学生学风监控与评价。各相关职能部门对分管的教学质量管理工作开展调研，并反馈信息。

六、教育教学督导委员会

教育教学督导委员会在分管校长的领导下，对全校的教学秩序、教学质量及教学工作状态进行监督、检查、评估和指导，依法开展"督教、督学、督管"活动。主要职责包括：对学校的教学管理工作进行监督，配合教学管理职能部门做好教学检查工作；通过听课和课后指导，加强与青年教师的联系，帮助青年教师提高授课质量；每学期对各院（系）教师进行教学质量评价；交流、研讨学校教学工作状况，为改进教学工作，提高人才培养质量，提出合理化意见和建议；通过对教学管理的检查，促进教学管理的规范化建设。

七、学生信息员队伍

为了全面了解教学过程中教与学的情况，确保教学秩序的稳定和各门课程教学目标的实现，促进教风、学风建设，在学生中聘任学习态度端正、成绩优秀、诚实公正、有分析能力，热心为同学服务的学生担任信息员。学生信息员负责教学过程中的信息收集工作，定期填写教学信息反馈表，将教师教学情况、学生学习情况以及对教学管理等方面的反映，定期不定期及时客观地向教务处反馈，并提出意见和建议，以便及时发现和解决教学过程中存在的问题。

第五节　教学质量标准运行系统

高等学校应通过不断完善教学信息员制度、教学督导制度、教学考评制度等制度，使学校和广大教师及时发现教育教学实践工作中存在的问题，改进工作方法，从而提高教育质量。

通过"内部教学质量保障体系"，使教学管理透明化，把"课堂教学听查课""期中教学检查""最满意教师评比""青年教师导师制培养""教学观摩与交流""考风考纪检查""学籍管理"等情况及时在校园网上公布，达到教学监控的作用。

规范教学过程，使教学过程流程化、标准化。在"内部教学质量保障体系"中，把"课堂教学设计""备课""教学互动""考试""实验教学""观摩教学""讲课比赛"等教学环节以标准流程的形式，在校园网上共享，达到规范教学，提高教学质量的目的。

第六节　教学质量检查评估系统

高校院校评估的内容，也就是"评什么"的问题。概括地说，评估，就是评价学校的办学思路和办学传统与特色，评价学校人力、物力、财力的投入及效果，评价学校的专业建设、教学改革及效果。教学质量的评估包括教学过程和教学效果两个方面。

高校院校要建立教育质量的自评机制。首先，高等学校建立一支科学合理的教育质量评估队伍，可以确保高等学校教育质量建设在国家统一要求的前提下，实现教育质量的特色化。教育质量评估队伍应由学术造诣高、立足教学前线、教学经验丰富，同时具有高等教育评估的理论与方法、道德高尚的人员担任；教育质量保障工作的基础，不仅保障教育质量，还保障工作的顺利进行。其次，建立教育质量的激励机制。例如，通过教学比武、教学经验交流、名师评选等方式，使教师树立教研教改的意识，激发其提高教育教学质量的热情，自觉主动地改进教学方法与手段，优化教学内容，从而保障和提高教育教学质量。

高等学校应该针对学校内部缺乏质量保障的内在动力、缺乏质量文化氛围等现实情况，建立切实可行的激励机制。教学过程是否扎实，直接影响到教学效果和教学目标的实现，而教学效果又客观地反映出教学过程实施程度及在教学中存在的问题。从两者的关系来看，良好的教学效果要靠教学过程的有效实施来保证，教学过程的实施程度又为保障教学质量打下了坚实的基础。

对教师教学质量的评估必须以教学过程的评估为重点，但不能局限于课堂教学，而是要对教师教学活动的各个环节执行情况进行连续性评估。这包括教学进度计划、教案、授课、作业布置与批改、自习辅导等教学环节的评估。

学生信息即学生教学信息反馈调控。坚持执行学生教学信息员制度，以学生教学信息中心为载体，及时收集、整理学生的意见和建议，并反馈至个人，促进教学改革的深化和教学质量的提高，这是对学生评价方法的一部分。

一、学生评价信息

学生是教学活动的主体，是教学质量评价信息的重要来源。通过召开学生座谈会、学生信息员定期不定期反馈、学生评教、校长信箱、教务处处长信箱等途径，了解学生对教学各环节的意见和建议，以及对教师教学质量的评价。

二、学生学习质量评价信息

学生学习质量评价信息即对学生学习质量的评价，包括对学生学习过程的评价和对学生学习结果的评价两个方面。通过主讲教师、本科生导师、主管学生工作的副书记、辅导员等，多途径、全方位了解和掌握学生的学习状态与学习风气，并通过期末考试全面分析学生学习的效果。

三、毕业生质量跟踪调查信息

毕业生质量跟踪调查信息即采取普遍调查与抽样调查等多种形式，跟踪调查毕业生质量信息。毕业生跟踪调查由招生就业处和学生处负责，各院（系）配合完成。如，跟踪调查后，应写出调查报告，向院校领导汇报以及向各教学系反馈，以检验人才培养工作，为人才培养方案修订和课程结构的优化提供依据，使培养的人才更贴近经济社会和职业教育发展的需求。

教学评估信息即对教师课程教学质量评价反馈调控。科学设计评价方案，进一步加强教师课程教学质量评价结果的应用，充分发挥其正面导引作用，促进教师改进教学方法和手段，提高教学水平。

（一）校领导评价信息

院校领导深入教学管理部门、所相关联的教学系、课堂、教室、实验室以及教师和学生中，通过听课、座谈会等形式，全面了解教学运行状态信息，及时发现和解决教学中存在的问题，切实保证教学工作的正常运行。

（二）教育教学督导员评价信息

院校教育教学督导员分若干学科组对每学期所有任课教师教学情况进行现场听课和评价，并填写听课记录表。还须了解授课教师，特别是青年教师教学基本情况，积极进行指导，并向教育教学督导办公室反馈教学信息。另外，不定期对实验、实习、毕业论文（设计）等进行专项检查和督导，以了解收集教学基本状态的信息。

（三）教师教学评价分析

教师教学评价对象为担任课程讲授的专兼职教师，评价在每学期期末举行。课堂教学质量评价主要包括教师的教学态度、教学基本技能、教学方法、教学内容和教学效果等。实验、实习教学评价从过程和结果两方面进行评价。如果评价不当还会挫败教师教学的积极性。

教师是教学的主导，通过有效的教师教学质量评价，尽可能以存在问题为导向，并产生正确的导向和激励作用，调动教师教学工作的积极性，促进教学内容和方法的改革，不断提高教学质量。

教师教学评估分别按优秀、良好、合格、不合格四个等级，其中，优秀为总分在 90 分以上，良好为总分在 80~89 分，合格为总分在 60~79 分，不合格为低于 60 分者。

（四）高等教育教学质量评价指标体系的设计原则

高等教育教学质量在评价指标体系设计和指标遴选上，始终坚持系统性、公正性、应用性和导向性四大原则。为保证公正、客观和系统地评价高校办学质量和各部门工作实绩，在一级、二级指标、主要观测点的遴选上，我们主要遵循了以下四个原则：一是保证体系完整、重点突出的"系统性"原则；二是统筹兼顾个体差别的"公正性"原则；三是遵循高等教育基本规律的"应用性"原则；四是强调内涵建设的"导向性"原则。

1. 系统性原则

由于各项评价的开展必须用若干指标进行衡量，因此我们在设计评价指标时，尽量保证各一级指标间既要相互关联，又要相互独立。为使评价者和受评者明确评价目的，我们在每个二级指标后面都列出了主要观察点，并给出了明确的内涵和科学的解释。在整个评价指标体系编制完成后还要进行指标遴选、指标权重设置，以保证整个评价体系的完整性和系统性。

2. 公正性原则

众所周知，如果一个评价指标体系缺少了公正性，即使它很系统也会失去评价的意义。因此，我们首先要保证被选择的各项一级指标对评价对象而言具有可比性，因为可比性是保证公正性的前提。符合可比性条件要求的指标必须通过严格的论证和横向的比较，确保评价指标在理论上站得住脚，同时又能反映受评者的客观实际情况。

3. 应用性原则

评价指标体系设计要遵循高等教育的基本规律，坚持理论与实践相结合、主观与客观相结合的应用性原则。评价指标体系的设计不是凭空想象的，一定要符合教育规律和客观实际，脱离现实的评价指标是空洞的，是经不起实践检验的。因此，指标的选择要简单、实用、易于操作、繁简适中。指标中涉及的评价数据既要容易获取又不易失真，评价过程既要容易操作又便于专家评分。

4. 导向性原则

一个评价指标实际上就是一把尺子，它不仅能够测量，还能够指引方向。因此，为确保被选择的指标具有持续性、导向性功能，我们在研究制定各项评价指标的时候，往往把导向放在首位，用发展的眼光看待评价指标的设置问题。评价的目的不是单纯评出名次及优劣的程度，更重要的是引导和鼓励被评部门向正确方向和目标发展，特别是向着"三个符合度"的方向和目标发展，以此体现并发挥评价工作对高校发展的导向功能。

通过四大原则设计的评价指标体系还须经过反复比较、多方论证、集体研讨，最后筛选出具有可视性、可比性、可操作性、可持续性特征的评价指标，这为各项评价的开展打下了坚实的理论基础，也为受评部门改进工作指明了方向。

从教育理论上看，在整个教学过程中，由学习者个人的需要所形成的动机，是促使一个人学习成功的一个十分重要的因素。高校课程中充分考虑学习者个人的志趣、爱好和职业志向，是保证高等教育质量的一个不容忽视的方面。随着市场经济体制的逐步确立和由此而产生的高等教育体制上的变革，学生自主择业、双向选择和自费上学的体制的逐步完善，也都会在相当程度上要求高校课程必须考虑学生的各种需要。

应当指出的是，推动高校课程改革的内部原因，这些新的研究成果使高校的课程编制者和广大教师对整个教学过程或其中的某些方面有了新的认识，从而在一定条件下会促使人们探索新的方式方法或建立新的课程目标。

以上所说的推动高校课程改革的原因都是共同性的。对于每个国家、每所高校来说，引起课程改革的原因还有很多是该国、该校所特有的。

一个国家或一所高校的课程改革，常常是内外部因素、共同因素与特殊因素相互交织在一起而发生作用的，我们往往是既要解决共性问题，也要解决个性问题，既要跟上时代步伐，满足社会各方面的需要，又要遵循教育自身发展规律，按照自身逻辑做出改变。也正因如此，高等学校课程改革显得格外复杂和艰巨。同时这也为高等教育理论研究展示了光明的前景，特别是高等学校课程研究，将会是一个大有作为的研究领域。

高校课程之所以会向综合化方向发展，一方面是当代科学技术发展高度综合的影响；另一方面是当代重大社会生产、生活问题的解决需要多种学科协作使然。现代高级专门人才的培养已不能囿于过去那种狭窄的知识面，而必须代之以较丰厚的知识基础和较广博的文化素养。为此，各国高校都从不同角度，以不同形式加强高校中的知识基础和拓宽知识面。

第七节　教学质量信息检测反馈系统

教育质量信息，是指教育教学实践中能反映教育质量的各种数据、报表和凭据。建立灵敏的教育信息反馈体系，可以使高等学校及时收集和分析教育教学实践中各种信息，为学校决策者提供依据。

以日常教学检查与专项评估为契机，以教学督导、学生教学信息员及用人单位为依托，加大反馈和调控力度，不断改进教学工作，促进教育教学质量的提高。

常规教学检查反馈调控。及时查找和纠正教学工作中存在的问题，对问题开展研究，推动教学工作的持续改进。

专项评估反馈调控。坚持"以评促改、以评促建、以评促管、评建结合、重在建设"的方针，充分发挥各类专项评估的导向作用，进一步加大督促整改的力度，切实规范教学管理，提高教学质量。

人才培养质量反馈调控。了解用人单位对毕业生的看法以及社会对高校人才培养的意见和建议，及时调整人才培养方案，使高校各专业人才培养方案与社会需求保持动态的适应性。

对于教学质量专项评价或评估的结果，由学校或教务处以文件形式反馈给评价对象及有关领导和部门。评价结果作为评优、评先、奖励晋级的重要依据，以形成有效的激励和奖惩机制，比如学业预警。

由于现代社会的飞速发展，不断需要一批又一批具备较高知识水平与较高实践能力的人才来提供各方面的支持，必须提高高等教育的办学质量，以满足现代社会对高等人才越来越多的需求。可是与此同时也产生了一些问题，造成了一些麻烦，以前高校招生是通过各方面的严格要求，严格选拔，只有极少数学生能够达到要求，进入高等院校学习，接受高等教育成为高等精英人才。然而，这样所培养的高校学生数量太少，无法满足社会发展对人才的要求，必须通过高等学校培养更多人才，扩大招生规模。而扩大招生规模则会使得高校学生的质量参差不齐。从 21 世纪开始，我国的高等教育已经从精英式教育逐步演化成大众化教育。这种变化自然有它的好处，但也存在着一些弊端，可以说这是一把双刃剑。一方面，这一举措提高了整体国民的教育素养，但是另一方面却造成了高校生源质量明显下降的现象，而生源下降则会导致许多棘手的问题。例如：有一些学生在校学习过程中由于种种原因而导致自己不能完成学业。这不仅干扰了高校正常教学秩序，降低了高校的教学质量。更影响了学生自身的前途发展，同时也给自己与父母都带来了思想、经济上的双重压力与负担。

学业预警是应对这一问题的较好解决办法，通过学生学业预警，学校可以随时跟踪了解在校学生的学业情况，做出相应的预警提示，并有针对性地采取相应的应对措施。通过学校、学生和家长的沟通与协作，帮助学生顺利完成学业。

此处研究主要是对独立学院进行学生学业预警情况的调查研究。

通过对独立学院学生学业课程情况的监测、分析、研究、比较、归纳、总结等方法的研究，最终得到民办院校学生学业预警现状的结果，并对其进行优缺点的分析归纳，提出更好的改进与优化建议，有利于民办高校更加快速准确地了解学生的学习情况。并根据每个院、系、专业、班级，甚至每个学生的学习情况制定相应的应对策略。

由此，院校不仅可以随时得到每一名在校学生的学习状况，还可以根据相关数据对学生的各方面的情况进行全面综合的分析、预判、有利于及时应对各方面的问题，及时采取应对措施改善现状，不断优化高校学生学业水平质量，实现院校实力与学生能力的双重提高。

一、独立学院大学生的学业特点及其原因分析

通过调查与分析，我们不难看出，独立学院的生源有一些共同的特点，即就是学生在学习成绩与学业水平上相对不够刻苦。相当一部分学生进入高校后仍然延续着自己长期以来所养成的那种漫无目标的学习生活，学习动力相对不足，自制能力不高。同时，由于自身的学习基础相对较差，大学生容易在学业问题上产生困难，阻碍学生的学业发展。

当然，同样有一部分学生怀有较高的斗志与决心，渴望努力学习来提高自己，改变现状，使自己的人生得以改善，并且付之于行动，但这只是一小部分。总体来说，学生学习态度与行动不够理想，从而导致大学生学业问题成为一个明显的、亟须解决的问题。

进入独立学院进行学习的学生，在其步入大学之前的学习状况大多优秀，在中学期间的学习态度够端正，学习方法够科学。但现在有一些学生对学习已经产生了反感、厌恶的情绪。与此同时，他们会将自己的注意力放在其他一些娱乐、消遣的活动上。例如，他们对网络游戏、网络小说等娱乐活动上产生了较高的兴趣。整天将大部分精力都放到了这些活动上来，这些娱乐活动占据并消耗了大量的时间与精力，自身能够放到学习上的精力就会大为减少。这样一来，这些学生在平时上课时就会无精打采，注意力不集中。且由于精力不足，他们很难专心听讲，认真学习。因此，他们的学习成绩就会下降，而由于学习成绩下降又会产生两种不同的结果：一种是知耻而后勇，努力学习，改善现状，迎头赶上；另一种导致他们对学习一步一步的失去兴趣与信心，破罐子破摔，使自己的学习情况进入可怕的恶性循环，后果不堪设想。而产生这些较为明显问题主要是由于以下几点原因所造成的：

第一，我们都知道，作为学生，不论是在小学、初中、高中还是大学中的任何一个阶段，都有一个最主要同时也是最重要的任务，那就是学习。这是我们作为学生身份时最重要的工作，也就是说，我们本就应该努力地学习。在此我并不是说独立学院的学生就不知道学习的重要性。无论在任何形式与任何性质的学习中，我相信大部分人都能够明白学习

是我们在学生阶段的最主要任务。大学生在高等院校中的情况更应该如此。因为作为高等院校的大学生，我们直接面临着步入社会的考验，而是否能够成功地步入社会并在社会的大浪潮中站稳脚跟，取决于我们在大学期间是否努力学习并完善自己，是否使自己拥有过硬的能力与本领。因此，大学期间的学习至关重要。然而，独立学院学生对此却普遍表现出较低的学习兴趣，对于自身学习成绩的好坏并不怎么关心。一部分学生甚至都没有将学习放在大学期间的主要位置之上。他们反而将休闲娱乐作为大学生活的主要部分。虽然大家都知道，每一位进入高校的学生基本上都经历过高中阶段极为紧张的学习与复习工作。进入大学校园之后，一部分学生进行大量的休闲娱乐活动来弥补自己在高中阶段所承受的学习负担与压力。但是，万事皆有度，娱乐与放松是要有的，但绝不能影响到自身本应该完成的学习工作。在这一方面不少人本末倒置，把学习放在了大学生活的次要位置，反而把娱乐以及各种享受放在了第一位。导致学生在进校后，学习情况不佳，学业状况不理想，进而影响到自己未来的发展前途。

第二，独立学院大学生的学习方法与习惯不科学。这些学生之所以进入到独立学院进行学习，就是因为他们在进入大学前的学习情况不理想以致高考成绩不佳。然而，冰冻三尺非一日之寒。这绝不是在短期内所造成，而是在之前很长时间由于自身的学习习惯与学习方法所导致的。正如同做任何一件事都一样，如果方法不对，就算是态度再端正，自身再努力，都不会有太好的结果一样。作为学生，想改善自身的学习情况，提高学习成绩，就必须掌握并采取科学的、正确的学习方法。大学生在学习过程中存在着很多这样的问题。例如，课前不预习，课堂不认真学习，课后也不复习的情况导致了学习成绩的不理想，也成为学业正常发展的阻力。

第三，独立学院大学生对于自身的学习情况没有一个准确的认识。在学习过程中，没有认清自己的学习状况，导致学生在学习知识的时候不知道自己对所学内容的了解与掌握情况。例如，有些问题其实十分复杂，但学生认为自身对其掌握起来并没有什么难度，便不太放在心上，等到真正要用到这些东西的时候才发现力不从心，无法成功解决问题。还有一些其实很简单的问题，一些学生却由于思维角度不正确，导致自己在学习上白费工夫。同时，因为独立学院大学生的学习基础不够扎实，再一些涉及之前在小学与中学阶段的学习问题，这就导致，虽然学生学到了高等教育中的解决问题方法，但在涉及以前基础知识的问题上，却由于之前未能很好地掌握，而影响到大学阶段的学习。

怎样才能更好地了解掌握学生学业情况并尽早采取行动呢？学生学业预警是一个不错的选择。

在研究任何问题时，首先必须要明确所要研究的问题所能产生的作用，这样才可以在研究问题时具有更强的目的性，不至于在研究问题过程中产生迷茫与不知所措，对于独立学院的大学生学业预警的研究是为了促进高校与在校学生更好发展。

二、大学生学业预警机制建立的原因

什么是学生学业预警机制？学生学业预警机制是指在学生管理工作中，针对学生在学习中出现的不良情况，及时提示、告知学生本人及家长产生的不良后果，并有针对性地采取相应的防范措施，通过院系、学生和家长沟通与协作，帮助学生顺利完成学业的一种信息沟通和危机预警制度。这一制度的建立与实行有利于提高学生的学习成绩，帮助学生更好地完成学业。

根据以上内容，即对我国高校学生学业情况的基本分析，我们可以得出，以当前高校学生学业的总体情况来看，急需要有一套能够较好改善这一现状的应对策略，以加强各高校管理制度的控制力，改善学生的学业状况，同时提高民办高校本身的综合实力。因此，各高校应当实施学生学业预警这一管理制度。

随着社会发展的需求，我国对学生培养工作也越来越重视起来。并且对学生培养工作有了明确的指示，而学生学业预警机制对民办高校本身、高校学生以及学生家庭都具有重要作用。

第一，学业预警机制有利于高校对在校学生进行实时的学业管理。通过对在校学生学习情况与学业状况的实时监测，高校可以在第一时间掌握学生的学习情况与学业发展。对在学业发展上存在问题与困难的学生进行专门的具有针对性的帮扶工作，从而达到加强大学生教育工作的目的。

第二，院校通过这一学业预警机制能够根据学生在某一阶段之内（一个月、一个学期或一学年）学习情况的变化趋势，得出学生的学业是处于上升、下降，还是处于相对稳定的状态。从而根据这一趋势判断学生接下来的学习发展情况，做出有针对性的反应措施。由此不断加强对学生的优化管理，帮助学生不断提高自身能力与水平，进而提高院校整体生源质量，对院校的综合实力与名声、口碑的提高都有极大的推动作用，促进院校提升自身水平，更快、更好地向前发展。

众所周知，每个人天生都有惰性。因此我们不可能要求在高校学习的每一位学生都能够十分自觉地努力学习，所以，要建立一套完善的机制对学生的学习情况进行监督，通过不断督促学生努力学习，使得学生的成绩较好地发展。预警工作既对学生负责，又使学生自醒，帮助他们及时认清形势、克服困难、调整心态、改进学习方法，在之后的学习过程中，自觉完成学习任务。同时，该机制可以促进学生认真做好自己的学业规划，增强学习自觉性。同时也可以帮助学生养成自觉主动学习的好习惯，有利于学生自身的学习生活，有利于提高自身素质与水平，有利于学生的发展，是每一位学生在人生路上的垫脚石与补给站，对学生今后在人生道路上取得更好的成就有很大的促进作用。

学生学业预警是一种具有全面作用的学生学业管理策略，各高校实施学生学业预警这一策略，不仅有利于学生自身的学业发展和独立学院本身的综合实力与竞争力的提高，同时，这一举措还为学校、学生与家庭之间提供了一个很好的平台，在这一平台之上，学校、学生与家长能够进行有效沟通，由此可以实现，学校、学生、家庭三方面之间的共同协作；有利于学校、家长、学生的沟通和协作，共同促进学生学业不断得到完善，使各方面都能更好地向前发展；充分发挥各方面的优点，克服与改善各方面的缺点与不足，建设和谐稳定的校园和社会环境；并充分发挥学生、家庭、学校相结合的教育功能，家校合力保证学生顺利完成学业，为社会输送合格人才。

 高等教育质量监控目标体系的构建

第一节 高等教育质量监控概述

高等教育质量的核心是教学质量。根据高等院校教育活动的特点和规律，高等学校教学质量保障体系必须以学校内部的教学质量保障为基础，以校内全面质量管理系统为教学质量保障的核心系统。高等院校教育的质量保障是一项复杂的系统工程，取决于外部质量保障体系和内部质量保障体系。外部质量保障体系受政府宏观管理及投入、政策导向等因素影响，受直接因素和生源、人才需求等间接因素两方面影响。只有将内部保障和外部监督有机结合起来，才能避免出现不顾人才市场需求或急功近利，"过分专业化和功利主义"等倾向。

教学目标决定着质量目标，质量目标来源于教学目标。因此，质量目标归根到底是教学目标的问题。随着高等教育系统外部环境的发展和内部管理体制改革的深化，高校在依法自主办学的前提下，不断更新质量观念，提高质量意识，形成自我约束、自我激励机制，建立完善的内部教学质量保障体系，是确保并不断提高教学质量的一项战略性的迫切任务。

依法治教成为促进教育公平的利器。高考（精品课）加分项目和分值进一步规范，"阳光招生"普遍实施，招生违纪违规事件得以严惩，风清气正的良好教育生态逐步形成。

"有质量的教育公平"是世界各国教育发展的共同追求。优先发展教育无疑是促进教育公平的基本保障，但教育的发展并不一定必然带来教育公平的提高。

教育公平对社会公平具有重要的调节作用。当老百姓上"大学难"的矛盾解决之后，"上好大学难、进好专业难"的矛盾随之显现。这一时期，教育公平的诉求，更多反映在老百姓对优质教育的渴求上。进入新世纪，党和国家坚持把促进教育公平作为教育基本政策，强化政府促进教育公平的主体责任。

高等教育由大向强转变的根本标志是人才培养质量的整体提升。面对经济社会转型发

56

展，建设创新型国家的战略要求，高等教育所呈现的种种不适应，集中表现在人才培养质量上，这需要我们以创新的勇气和智慧从战略高度找准着力点，整体推进高校教育教学改革。各高校主动作为，扎实推进创新创业教育，以提高人才培养质量为核心，以创新人才培养机制为重点的高校创新创业教育工作。

在深化高校创新创业教育改革的强力推动下，高校教学思想、教学内容和教学方法乃至教学管理制度都在悄然发生改变。众多高校深化教学改革的举措触动了人才培养模式和课程体系的全面改革。中国高等教育学会召开的以"教学·课程·方法：高等教育现代化"为主题的学术年会，理论研讨和指导实践相结合，把高校教学改革向纵深领域拓展，推动高校教学水平逐步提高。

一、质量目标是影响教学质量结果的第一要素

教学全面质量管理理论告诉我们，教学质量过程包括两个典型的动态过程，即教学全过程和教学质量管理全过程。教学过程包括：教学输入、教学过程和教学结果输出，教学质量管理全过程包括：教学质量策划、教学质量控制、教学过程及教学质量改进。这两个过程的不断循环运动，以及他们在运动过程中的相互关联和作用，构成了学校的教学质量运动。教学质量管理全过程通过教学过程的运行来满足学校内部顾客需求并使顾客满意。教学质量全过程不断沿着"规划—执行—核查—行动"循环往复运动，推动教学过程的不断优化和增值，确保教学质量的稳定和提高，实现预期的质量目标，满足学校外部顾客的需求，并达到顾客的满意。显而易见，两个过程汇交于教学过程，无疑，教学过程是实现教学质量提高的关建所在。而决定教学过程优劣的前提，是质量目标指导下的教学输入的条件和质量控制的手段。因此我们说，满足需求的质量目标是影响教学质量结果的第一要素。

二、目标对教学质量的影响

教学目标对学生的学习和个人发展具有十分重要的影响。教学目标一旦被学生所确立，就会变成学生自觉地追求并激励其为之拼搏奋斗。目标设置的理论也认为，目标通过四种机制影响绩效：一是目标具有引导功能，它引导个体注意并努力趋近与目标有关的行为，远离与目标无关的行为；二是目标具有动力功能，较高的目标比较低的目标具有更大的诱惑，更能使人做出更大的努力；三是目标影响坚持性，它使参与者延长了努力的时间。

近年来，各地对各类职业院校都组织了一些办学水平的评估。评估中发现，一些学校

的教学目标设置存在着不同程度的缺憾。主要表现在：一是培养目标死搬教条，脱离社会岗位对职业人才的要求，教学大纲、教学计划缺乏现实的针对性，尤其是高技能人才的培养目标，更缺乏对未来工作的适应性；二是教学目标单一，仅仅体现了人才的能力程度，有关思想品质、身心素质、职业意识和协作奉献精神、职业和创业能力等方面在教学活动中几乎未体现；三是知识和能力目标的制定在很大程度上偏离社会的需求和毕业生的接受能力；四是教学目标引导下的教学活动没有脱离应试教育的怪圈。因此，学生感觉学有所难，学用相距太远，从而使教育目标失去了其应有的功能和作用，这在很大程度上直接影响了学生的学习主动性和积极性，制约了学校的教育教学质量。

三、建立科学的合作目标体系

要使教学质量目标科学合理，实现其积极的功能和作用，需要做好两项工作：

一是以需求为依据确立培养目标。职业教育就是职业教育，职业教育就是使学生通过愉快的学习过程，成长为企业现代化生产所需要的职业人才。因此，社会生产的需求和学生与家长对学生成长发展及适应社会的期望，就是职业学校教学质量管理活动中的顾客需求。满足了这两方面的需求，目标才具有其明显的功能。职业学校在制定目标之前，要深入工厂、企业等用人单位，调查了解和认真分析本地区及全国的社会经济发展情况和各行各业的经济技术现状，把握其现实和未来人才需求的条件和方向，探讨分析所培养人才的职位需要和职业能力要求以及未来发展的方向、职业变化范围和所需要的相关能力。这其中学校与企业需要经常反复相互沟通，使学校和学生了解企业，企业也要认识学校和学生。二者有机结合，确定的人才培养方向和目标才科学合理。

二是以培养目标为依据，制定教学目标。在把握了人才职业需求的基础上，要认真分析各项职业能力的形成过程及影响因素，分析其涉及的知识领域，能力范围及与之相关的生产、生活领域的真实情况。以此为依据并在充分与企业沟通、酝酿讨论的基础上，确定开设的课程、课题及达到的程度等教学的总目标。

从全面教学质量管理理论纵向看，教学目标是一个总系统。它包括由教学目标分解而来的课程教学目标、单元（或课题）教学目标及课时教学目标三个层次。在制定教学目标时，要注意教学目标的层次性以及各层次教学目标的边界性和递进性，注意教学目标之间的相互关联和相互作用。这些层面的目标相互关联（上一层面的目标可分解为若干下一层面的目标，若干下一层的目标则组成上一层的目标）也相互作用（上一层面影响下一层面目标的分解，下一层面目标则影响下下一层面的达标，各层面目标的不断循环改进达标而促成教学总目标的达标），并通过由上而下的具体化，使之成为一个完整的目标系统。横向来看，教学目标有多个维度，主要包含了知识和技能、思想和人格、情感和意志、职业和意识、发展和创业等诸多方面，教学目标的多维性要求在制定目标时，要考虑人才培养的多面性、长期性和发展性。既要满足学生第一任职岗位的需要，还要满足其职业发展需要，同时满足系统性和纬度要求的目标构成职业院校完整的教学质量目标体系。显而易见，这样的目标体系是科学的、合理的，而这样的目标体系必须有企业的密切配合和参与。因此，建立高等院校与企业密切结合的有效合作机制是提高教学质量的必备条件。

第二节　目标体系的建立

一、教学质量监控的目标体系

教学质量监控的目标体系通过人才培养全过程的质量监控，促进人才培养目标的科学设计和人才培养目标的实现。

1. 人才培养目标系统——主要监控点为人才培养目标定位、人才培养方案等；

2. 人才培养过程系统——主要监控点为教学大纲的实施、师资的配备、课堂教学质量、教学内容和手段的改革、考核内容和方式的改革等；

3. 人才培养质量系统——主要监控点为课程合格率、优秀率、各项竞赛获奖率、创新能力等。

二、教学质量监控的组织体系

由教务处、教研组及教师构成三级监控组织，根据管理的职能，在不同层面上实施质量监控及协同监管。主要分为两大方面：

1. 高校教学质量监控以教学过程自我监控为主。在校长的领导下，充分发挥高校教学工作领导小组的作用，负责对本校的整体教学工作、教师的教学情况、学生的学习情况进行监控。

2. 教研室的教学质量监控以教学环节的日常监控为主。由教研室主任负责组织本教研室的听课、试卷命题、阅卷、试卷质量分析、毕业论文质量分析等工作，并通过校、系、教研室组织的各类检查评估（教案、作业布置与批改、教学进度计划、学生评教、教师评学、教研活动的开展等），严把各个教学环节的质量。建立专门的教学质量管理与评估机构和组织体系。

目前，我国高等教育教学质量还存在一定的缺陷，缺乏全面性，对于整个学校的教学质量的全面性的监控工作，更缺少相关的专门职能管理部门，以及相关规章制度。所以在建立高校的内部质量保障体系的同时，一定要建立相关组织体系对学校教学质量进行管理。

教学质量监控的方法主要以评估检查为重点，教学信息监控为辅助，针对教学全过程实施监控。

1. 教学信息监控——通过日常的教学秩序检查，初期、期中和期末教学检查，通过教学信息反馈和学生学习信息反馈等常规教学信息收集渠道，及时了解和掌握教学中的动态问题。

2. 教学督导监控——对所有教学活动、教学环节、教学管理制度、教学改革方案等进行经常性的随机督导和反馈。

3. 调整控制方法——根据信息收集、信息处理进行及时的调控。

以建立健全规章制度为先导，严格执行为保障，全面监控教学质量。

1. 教学研究制度。

2. 听评课制度——行政领导、教学管理人员、教研组长及同行相结合的听评课制。

3. 学生评教制——每学期通过问卷调查的形式，由学生作为课程教学评估的主体，对教师的教学质量进行评估。

4. 教学常规制度（涉及教学计划、备课、上课、辅导、作业、考试、教学事故追责等环节）。

以日常教学检查与专项评估为契机，以教学督导、学生教学信息员及用人单位为依托，加大反馈和调控力度，不断改进教学工作，促进教育教学质量的提高。

1. 常规教学检查反馈调控。对问题开展总结研究，及时查找和纠正教学工作中存在的问题，推动教学工作的持续改进。

2. 学生教学信息反馈调控。以学生教学信息中心为载体，及时收集、整理学生的意见和建议，坚持执行学生教学信息员制度，并反馈至个人，促进教学改革的深化和教学质量的提高。

3. 教师课程教学质量评价反馈调控。科学设计评价方案，进一步加强教师课程教学质量评价结果的应用，充分发挥其正面导引作用，促进教师改进教学方法和手段，提高教学水平。

4. 专项评估反馈调控。充分发挥各类专项评估的导向作用，坚持"以评促改、以评促建、以评促管、评建结合、重在建设"的方针，进一步加大督促整改的力度，切实规范教学管理，提高教学质量。

5. 人才培养质量反馈调控。及时调整人才培养方案，了解用人单位对毕业生的看法以及社会对高校人才培养的意见和建议，使高校各专业人才培养方案与社会需求保持动态的适应性。

根据此前的了解与研究，不难看出，学生学业预警对于高校学生的学业发展有着较大的帮助，同时对于高校自身的发展也有着一定的促进作用。由此，我们可以设想出一条高校学生学业预警相关可行性制度的设计思路。

第三节 高等学业预警机制的构建

在撰写论文的相关调查研究中，首先我们得到：现在大多数高校均已经实施了学生学业预警的相关举措，并且一部分高校拥有一套完整的关于学生学业情况收集、整合、分析、评判和采取相应对策的机制。这对学生在校期间的学习工作产生了很大的帮助。

在现今情况下，各高校都意识到了学生学业预警对学生的学习情况起着较强的促进作用。同时，都能采取相应的举措使得学生学业预警得以实施。

一、情况分析总结

有些学生的一些科目成绩不理想，影响这些学生的学习进程与学业的发展。该院对于学生学业的情况已经采取了相关的措施，对于学生的学业情况进行监督与管理。

1. 在课程学习的过程中，任课教师与辅导员随时沟通，那些对该科目的学习不理想同学应及时给予帮助。

2. 任课教师会长期组织学生进行答疑辅导工作，帮助学生复习。

3. 考试结束后，辅导员与教师会根据学生的成绩，对学习状况不理想的学生进行谈话沟通，通过沟通找出问题根源，进而采取措施改善现状。

4. 及时地将学生在学校的各方面情况反馈给家长，使得学校与家庭两方面同时做出应对措施，在家、校双方的合力作用下改善并促进学生的学业发展。

通过对部分高校走访与调查，关于民办高校学生学业预警的相关举措可以得出关于独立学院学生学业预警的现实状况具有以下特点：

现实状况共同点：

1. 各高校基本都采取了学生学业预警这一举措。

2. 各高校都以学生的学业成绩水平作为绝对的工作重点。

3. 各高校虽极为重视学生的学习成绩，积极采取各种手段提高学生的学业水平，但对学生的生活情况与的关心与工作略显不足。

现实状况不同点：

1. 虽然各个高校都有学生学业预警的相关工作，但制度完整与有效性存在较大差异。

2. 各个高校实施学生学业预警在学期、学年等学生管理的不同时期的重点不同。

3. 收效不同。

当前高校所采取的学业预警措施的优点是：

各高校所采取的学生学业预警对学生的学习成绩与学业水平的提高具有很大的帮助与促进作用。它不仅能监督并督促学生的学习工作，同时还可以使得学生养成自觉认真学习的良好习惯，改善学生的学习与生活，甚至对学生将来的人生道路都起到了很大的帮助与促进提高的积极作用。

高校所采取的学业预警措施的缺点是：

现阶段，独立学院和民办高校的学生学业预警制度还不够完善，很多问题难以落到实处，同时，目前各高校所现有的学生学业预警制度缺乏时效性。虽然现今许多高校都建立起各种不同形式的学业预警机制，但其问题是不能及时并且切实解决学生在学习过程中所遇到的学业问题。许多高校学业预警机制只是流于形式，忽视其实际效果，使该机制失去真正意义。

因此，必须建立一套完备的独立学院和民办高校学生学业预警机制系统，来真正切实地解决民办高校学生的学业问题。

建立民办高校学生学业预警机制并不是一件非常简单的事情。它的成功建立与有效实施需要学校各个部门共同努力，同时，也需要学生与家庭的相互协作。因此，必须建立一套完善的工作体系。其中包括高校最高学生工作的领导、辅导员与任课教师。由高校领导负责对整个工作体系进行协调管理与监督。同时任课教师与辅导员共同对学生的学业情况进行监督管理，以达到对学生学业情况随时监测、分析、应对的目的。

（一）动态过程管理预警模式建立

定期（例如每学期初、学期中和学期末）统计学生的学习情况，对进入学业预警范围的学生进行分类，有针对性采取应对措施。

（二）构建学业预警信息系统，家校一体

对于受到学业预警的学生，不但要向其本人做出学业情况的相关警告，还要将这一警

告制作成书面形式的学业预警通知书，并通过通信手段将学生的学业预警通知告知家长。这样，可以使得学校与家庭两方面都及时地了解到学生当前的学业状况，相互协调、共同作用，帮助学生改善学业现状。

二、学业预警预期效果

1. 通过学业预警机制对学生学业的监控，提高学生的自主学习意识和能力、端正学习态度、深化学生对学习重要性和紧迫性的认识，从而引导学业良性发展。

2. 帮助部分大学生正确认识和处理学业危机，确保学生在规定阶段内顺利完成学业，防患于未然。

3. 加强学业预警在对学生学习过程中的管理，促进高校学业管理由"事后处理型"向"事前事中预防型"转变。

第四节　完备的学生学业预警制度的具体措施

依据已经形成的关于学生学业预警制度的设计思路，可以给出关于学生学业预警制度的具体执行措施。

根据上述思路建立合理的学生学业预警制度，对学生在学业上随时可能出现的各方面问题采取及时的措施加以应对。对于一些在学习过程中较为吃力，和在学业完成过程中存在较大困难的学生，学校应当采取学业帮扶的应对措施以帮助这些学生克服学业的困难。例如，有同学在学习成绩上不理想，同时自身改善这一现状也存在较大困难，那么，学校就可以通过安排任课教师、辅导员和学习成绩优异且学业情况优秀的学生对其进行具有针对性的帮扶，帮助这些学生改善学习现状，提高学习成绩，完善学业发展状况。

一、制定科学的流程

学校教务部门随时监督学生学业的发展状况，将学生的学业情况发布给直接管理学生校园学习生活的辅导员。辅导员要及时协同家长、任课教师等人员进行协商，分析学生的问题所在与造成问题的原因。再根据不同学生的不同原因，从实际角度出发，制定科学高效的应对策略，对学生进行学业帮扶。同时记录相关数据，以便相关部门进行管理。

二、预警过程研究

学生学业预警主要包括以下几个步骤的工作：统计预警名单；学业预警谈话；实施帮

扶计划；联系家长；建立预警档案。具体工作如下：

（一）统计预警名单

每学期期末考试结束后，辅导员与任课教师进行沟通，根据学生本学期的学习成绩做出相关分析研究。开学补考后，再对学生成绩及学分取得情况进行分析研究，制定出学生学业预警通知名单。

（二）学业预警谈话

根据学生学业预警名单，辅导员或任课教师应当与学生进行交流，通过交流与分析可以使辅导员与任课教师及时发现学生出现学业问题的原因所在。对于预警级别较轻的学生，指出普遍存在的问题并提出要求即可。而对于受到严重学业预警（如红色预警）的学生，辅导员与任课教师要对其进行个别谈话，指出其在学习上存在的问题以及可能会造成的后果。仔细询问导致学业问题所产生的原因，并据此分析研究应对这一问题的策略，帮助其制订下一步学习计划。

（三）实施帮扶计划

辅导员与任课教师已经掌握了学生在校学习与学业发展情况的具体原因。由此，可以根据不同学生由于不同原因而产生的情况制定相应的帮助措施：对于那些仅仅是学习方法上有困难学生，可通过任课教师加强辅导答疑、作业批改等环节及时解决学生学习过程中的困难，也可以采取帮扶措施，安排学习成绩好的同学对其进行辅导，帮助他们提高学习成绩，帮助他们克服困难，改善学业状况。

（四）联系家长

高校通过通信手段以适当的形式交给学生家长，帮助家长了解孩子在校的学习情况，共同商定应对策略，从而通过家长与学校的相互配合做好学生的学业改善工作。

（五）建立预警管理档案

给每一位受到学业预警的学生建立专门的学业预警管理档案，并且随时对档案进行实时更新管理。

高校可由此全面系统地了解学生，随时跟踪了解学生在校的学业情况，实时跟踪、实时关注，及时发现问题、提出问题、解决问题。不断完善优化高校学生的学习与学业状况，实现高校学生学业水平的全面提高。

三、学生学业预警实际可操作性办法

（一）学业预警分类

学生学业预警制度按照预警内容分为：考勤预警、学分预警、成绩预警、毕业预警、异动预警和处分预警六部分。由此六部分汇总为综合预警指数，用来直观显示学生的学业状态。每项预警分为初级、中级、高级、特级，共四个警示级别，其中初级预警表示最低预警状态。其他预警级别逐渐升高，特级预警为最高预警级别。

（二）预警属性

1. 动态形式预警：指数据随时变化更新。如：考勤预警、处分预警、异动预警。

2. 静态形式预警：数据在一定时期内无太大变化，只在一些特定的时间点进行更新。如：学分预警、成绩预警、毕业预警。

（三）预警分类说明

1. 考勤预警

定义：考勤预警是指根据院校相关要求，未经请假，擅自离席或不参加学校正常教学活动（包括课堂出勤和集体活动出勤）的学生的信息记录。

记录原则：考勤预警每学期/学年内累加，每学期末/学年末清空重计。

2. 学分预警

定义：学分预警是指个人学业进度低于专业平均学业进度一定比率，并预警可能引发的后果。

记录原则：不累加，每更新一次重新计算预警级别。

3. 成绩预警

定义：成绩预警是指对必修课程有挂科学生的信息记录，并预警可能引发的后果。

记录原则：每更新一次，重新计算预警级别。

记录周期：第 2~8 学期开学初统计，每学期一次/每学年两次，分别在 3 月 25 日和 9 月 25 日开展。

记录方式：以数字的形式记录所挂科目数，1~8 学期增量记载，比如第 4 学期末记载的挂科数为 1~4 学期的挂科总数。

4. 毕业预警

定义：毕业预警是指对可能导致学生不能按时毕业的相关信息的记录，并预警可能引发的后果。

记录原则：不累加，每更新一次重新计算预警级别。

记录周期：毕业预警在第 7 学期开始启动（非毕业年级学生该项信息均为绿色），一般每年 5 月中旬进行毕业生资格审查时同步进行此项。

5. 异动预警

定义：异动预警是指对学籍异动学生状态的信息跟踪和记录，并预警可能引发的后果。

记录原则：每更新一次重新计算预警级别。

记录周期：随时记录。

记录方式：记录超过办理手续天数，启动相关预警。

其他：与学籍异动模块关联。

6. 处分预警

定义：处分预警是指对违反学校相关规定，受到纪律处分学生的信息记录，并预警可能引发的后果。

记录原则：每更新一次重新计算预警级别。

记录周期：随时记录。

记录方式：全校通报批评、高校处分、警告、严重警告、记过、留校察看（统一名称标准）。

7. 综合预警指数

定义：综合预警指数是对学生各项预警信息的综合整理，用一个预警灯表现学生的学业情况。此项预警采取"就高原则"，即学生的综合预警指数为其 6 项分项中预警最高级别。

记录原则：每更新一次重新计算预警级别。

综合预警综合以上考勤预警、学分预警、成绩预警、毕业预警、异动预警与处分预警 6 种预警的情况，根据"就高原则"向相关学生做出综合预警，即以上 6 种预警中，哪一项的预警级别最高，则将该项预警级别作为综合预警级别。

提示内容综合以上考勤预警、学分预警、成绩预警、毕业预警、异动预警与处分预警

6 种预警的情况，向学生做出相应的包括以上 6 种预警的汇总提示信息，督促学生采取相关措施解决问题。

根据以上学业预警策略，可以使学生自身与学校、老师、辅导员和家长都及时准确地了解学生成绩状况，学业状况，相互协作，共同促进民办高校学生学业水平的不断完善与提高。

学业预警功能分为两步：首先，预警数据统计时，可选择参与统计的学生范围、成绩数据范围，可以设置参与统计的课程属性，可以设定最低不及格门数和最低不及格学分数等过滤条件，筛选出未达标的教师和学生名单；预警数据发布后，可以在学生登录网上系统时进行预警提示，实现对教师的教学情况和学生学业情况警示的作用。

第五节　目标体系的实现

在构建教学质量监控目标体系的过程中，通过理论结合实践，使之最终形成切实可行的监控体系，真正能促进高校教学质量管理的科学化和规范化，保障人才培养的质量不断提高。

首先要确立教学质量的准则与标准，进而使用计算机编程语言建立一个监控方法的系统平台，实现教学质量监控的自动化和网络化，把平台录入的数据通过数据库存入后台进行收集和分析，形成教学效果评价体系。

一、建立教学质量准则与标准体系

建立教学质量准则与标准体系的总体目标主要是为了树立现代教育思想，提高质量意识，科学确定各主要教学环节质量标准，建立本科教学质量管理长效机制和质量保障体系，不断改善影响教学质量的内部因素（教师、学生、条件、管理）和外部因素（方针、政策、体制），通过科学的评价，分析教学质量，建立通畅的信息反馈网络，强化调控功能，从而保证人才培养质量的提高。

基本结构主要包含组织保障、质量目标、信息收集、评价分析、信息反馈和调控等。组织保障是为了组织协调教学质量管理活动，保障各项教学工作及质量管理工作的顺利进行而构建的；质量目标体系是以学校制定的人才培养总目标、子目标为依据而设定的教学过程中各教学环节的质量目标的集合，通过建立目标体系，使教学各环节质量目标层层分解，形成一个比较完整的质量目标体系；信息收集体系主要是利用多渠道将教学过程中各种信息收集、整理、分析、评估，并经过信息反馈，使各项教学活动与教学质量目标相协调；教学质量评价分析主要是依据教学评价体系和各教学环节质量目标，进行专项检查和评价；信息反馈与调控是根据教学质量信息收集整理，分析与质量目标相比较而出现的偏差和问题，通过校长办公室或者教务处等有关职能部门研究，形成调控意见，进行实施，并检查落实实施效果，以达到质量目标。

二、构建教学质量监控方法体系

目前，高校的教学管理基本实现了计算机管理，其中，工作量最大、数据量最大的一项是学生评价。由于学生人数众多，上课时间分散，要组织学生按照规范为任课老师打分是非常难组织的事情。但是对于教学质量测评体系来说，学生对老师的评价还基本停留在手工阶段。另外，测评表收集上来后，数据录入、统计也是一件费事、费力的工作。目前，大多数高校采用抽样测评方法减少工作量，对大量测评表是由勤工俭学的学生帮助统计、录入，再利用电子表格或单机数据库应用系统进行计算。

监控方法体系是在教学质量准则与标准的基础上建立，主要是为了构建 PHP 语言基础上的教学质量监控系统平台。

本系统为了解决上述问题，为实现教学质量监控系统自动化和网络化，就需要管理员按照要求输入监控的要求和规则，按照此要求和规则使系统能够自动完成所需要的数据收集（学生上网评估、老师上网评估）、数据的统计、数据的分析、信息的反馈等工作。现监控规则制定如下：

规则 1 参与者规则：设置评估的人员和被评估的人员。例如：学生的类型、教师的职称、年级、人数限制等。

规则 2 有效性规则：对收集回的数据进行有效性分析。数据是否符合规定、数据是否真实可信、如何对收集的数据进行取舍。

规则 3 时间规则：根据教学计划制定每一学期每门课程评估的时间。包括评估指标发布的时间、学生评估的时间、数据统计的时间、反馈评估信息的时间等。

规则 4 统计规则：设置是按照什么群体进行统计分析、设置统计参数并设置输出的文件类型和输出的图形的方法。

规则 5 专家规则：设置专家评估的权值和分类。不同专家所考核的教师和学生的角度不同，其权值有所区别，由此设定各类专家及其权值。

规则 6 信息反馈规则：反馈对象的设置、反馈信息（包括趋势分析上报）的设置。

管理员只要根据规则修改评估的条件，系统就可以按照规则要求自动实现评估指标的发布、评估数据的筛选收集、数据的分析、评价、上报，而不需要管理员监控此系统的运行，这样达到教学质量监控的自动化和网络化。

具体监控内容如下：

（一） 常规教学检查

理论教学部和各教研室要组织经常性的教学检查，尤其是"初期""期中""期末"的教学检查。初期教学检查以教学秩序和教学准备及教师、学生到位情况为主，由各教研室组织；期中教学检查以自查为主，理论教学部在此基础上对半学期以来教学工作进行抽查；期末教学检查以监测考风、考纪为重点，理论教学部组织。

（二） 系级教学工作水平评估

充分发挥系级教学工作水平评估的激励和导向作用，促使各部做好教学管理工作，推动教学管理改革，不断提高教学质量。

（三） 课程评估

深入开展课程评估，促进课程建设，提高课堂教学质量。进一步加强市级、校级重点建设课程、精品课程的建设与管理工作，坚持对重点建设课程进行阶段性验收评估和结项评估；深入挖掘课程资源，及时总结课程建设的经验，推动课程建设的整合化和系列化。

（四） 实验室评估

坚持开展实验室评估，促进实验室建设，提高实验教学质量。进一步加强校级重点实验室的建设与管理，推动实验教学环境的整体优化，推动实验教学改革，减少验证性实验，增加综合性、设计性实验；促进实验室开放，实现资源共享。

（五） 试卷评估

积极开展试卷评估，强化教师和相关负责人，尤其是教研室主任的责任意识，确保试卷质量，使各级各类考试能真实、全面、准确地反映学生的学习状况。

（六） 教研室评估

积极开展教研室评估，推动教学研究与改革的不断深入，使教研室真正担负起教学基本建设、管理和改革的职责，保证教学工作的高效运行。

（七）学生学习质量评估

制定"定量与定性相结合、个性与共性相统一、形成性评价与终极性评价相协调"的"知识、能力、素质"三位一体的人才质量评价机制，科学合理地对学生学习质量进行监控。

（八）教师课程教学质量评价

高校每学期组织一次由学生评教、领导和督导评教相结合的教师课程教学质量评价，对评价结论不合格的教师，组织专家进行诊断性听课，如结论属实，则暂停其教学工作或调离教学岗位，督促教师努力提高教学质量。

（九）教学信息监控

通过师生座谈会、学生教学信息员等渠道，广泛收集各方对教学工作的意见和建议；在校园网上公布各专业人才培养方案、精品课程、重点建设课程的教学大纲、教学进度计划等教学基本条件，接受师生监督评议。

三、构建教学效果与评价体系

教学效果与评价体系对应于监控方法体系，是用数据库的方式处理获得的信息，进行教学效果的评价。

由于设计采用 PHP 设计语言，它本身是一种面向对象的设计语言，其具有强大的数据库操纵功能，可以利用数据控件访问多种数据库系统，为程序设计带来便利及可实现性，后台采用数据库使效果评价体系得以实现。

该系统主要是针对教师教学的评价、学生学习效果的评价及对学生和班级的成绩预警。其核心是评价，是通过对学生、教师的一个综合性质的全面评价。其流程主要包括：用户登录系统、用户管理、用户信息录入、教师评价、统计分析、查询、学业预警七项功能。

对于该系统，需要处理分析的内容为：

1. 用户登录系统：此需求是用户进入本系统的一个验证过程。通过此功能，可以区分各个不同权限的用户。

2. 用户管理：此需求是对用户个人信息、权限等的管理。

3. 用户信息录入：此需求是管理员对基本信息的维护。它方便用户对个人资料的查询及修改。

4. 教师评价：此需求是用户对教师的评价，也是此系统重要环节之一。

5. 统计分析：此需求是管理员结合用户的评价进行系统的分析后得出的总评价。

6. 查询：此需求是用户对统计结果进行查询。

7. 学业预警：此需求是对学生和班级不及格成绩的数目和人数进行一个规范，超出预定的规范则通过预警方式向学生或者班级进行学业警告。

最终将处理分析过的内容直观有效地反映在系统界面中，形成教学效果评价系统。

 **高等教育中人才培养标准的发展**

第一节　高等教育与社会经济

教育是发展科学技术和培养人才的基础，在现代化建设中具有先导性、全局性作用，必须摆在优先发展的战略地位。这充分反映了教育在经济建设、科技进步和社会发展中的重要作用。

办好教育特别是高等教育，努力把高校办成推动经济和社会发展的动力源，具有更为深远的历史意义。

一、高等教育对人类文明产生重要影响

高等教育作为社会发展的催化剂和经济增长的推进器对人类文明产生重要而深远的影响。各国高等教育的古老历史可以追溯到久远，而近代大学起源于欧洲中世纪，大学这朵人类的智慧之花并没有随着中世纪的结束而凋谢，反而随着在世界各国的传播、发展，汲取了人类各文化传统的营养，更显芳姿和青春活力。

大学从"象牙之塔"走向社会，现在正在步入经济、社会发展的中心舞台。那些世界先进水平的一流大学，已成为培养和造就高素质的创造性人才的摇篮；认识未知世界、探求客观真理、为人类解决面临的重大课题提供科学依据的前沿；知识创新、推动科学技术成果向实际生产力转化的重要力量。

如果说在正在来临的知识经济社会中，知识和信息是经济、社会运作的电流，那么大学就是产生这种电流的发电机。大学这个古老而富有传统的机构，将被赋予更多的重要使命，放射出更加灿烂夺目的光彩。

二、高等教育为经济社会发展做出贡献

高等教育为经济建设和社会发展做出贡献是不争的事实。综观人类文明史，无疑是知

识不断生产、更替和使用的历史。从第一次技术革命开始，历经农业经济时代、工业经济时代，进入 21 世纪，人类社会步入了知识经济的崭新时代。在新时代，经济的繁荣已不再取决于资源、资本、硬件技术的数量、规模和增量，而是更多地依赖于知识和有效信息的积累和利用，知识与信息，正在极大地改变着经济和社会发展中的各项要素。

（一）知识把劳动者从单纯的体力劳动中分离出来

和体力相比，劳动者的智力将占主导地位，脑力劳动者将构成劳动者的主体。劳动者的培训不再是单纯应用性技能培训，而是全面的知识性教育，强调的是创新意识和创造能力。从一定意义上讲，劳动将成为一种知识性劳动。

（二）知识使得劳动资料的发展日新月异

新知识和新科技在生产上的应用使劳动资料中的动力系统、机具系统、运输系统和信息系统等更为先进，并且人类将从知识和科技进步中不断获得更新、更先进的劳动资料。

（三）知识极大地拓展了劳动对象的范围

知识不仅使低品位及可再生资源的利用成为可能，自然资源利用率空前提高，而且新的资源不断被开发利用，使得原料不再是劳动对象的主要内容，而知识和信息本身也成为重要的劳动对象，成为支撑经济发展的新资源。

（四）知识在不断改变着经济结构中的非实体性要素

在未来的知识经济时代，资本范畴将出现新的拓展，知识成为资本或称知识资本，构成知识经济最重要的特征；价值的生产与增殖将主要表现为复杂劳动，价值量不仅仅表现为劳动时间的凝结。与此同时，按知识要素分配成为知识经济时代分配方式变革重点。另外，高新技术的迅速商业化将不断开拓出超人意料的新兴市场并激发出巨大的市场需求，人们的消费资料概念的外延得到新的拓展，消费结构、消费观念、消费行为也将出现新的变化，一种"以人为本""以质为目标"的消费理念将随着知识水平的提高逐步确立。

总之，在知识经济时代，一切都以知识为基础。而作为知识生产再生产的重要基地，教育必然成为全社会的智力之源、发展之基，教育必然被推上社会发展的中心舞台。高等教育在教育中居于最高层次，高等学校不仅是传授知识、培育人才、创造知识并丰富人类知识宝库的地方，而且必将是哺育知识型企业的场所。在过去时代，高等教育曾是社会发展的催化剂，是经济增长的推进器，在知识经济时代，高等教育也必然成为推动经济和社会发展的强大的动力源。

三、经济社会发展需要高校的支持

中国经济社会发展的现实必然要求高校为国家实现跨越式发展提供更大的智力支持和知识贡献。

知识经济时代的到来，正在催生新的经济理论，同时也在酝酿着各国的未来经济和社会发展走向。不难预测，未来世界政治经济格局如果要进行重新洗牌，必然以知识水平、科技创新能力为最重筹码。在新时代，打赢一场事关全局和本国地位的科技大决战，已成为世界各主要大国的战略目标。谁拥有先进、发达的高等教育，谁就会在战略上取得主动。

从当前来看，中国面临巨大挑战：中国经济仍处在农业经济和工业经济的二元经济状态，与发达国家的经济实力差距较大；在教育及科技基础设施建设方面，与发达国家差距明显；知识的转化关键在于创新，而中国目前的科技体制对创新的鼓励不足等。但是，中国在面临巨大压力的同时，也迎来了技术跨越的机遇。科学没有国界，技术可以交流，特别是在知识、信息、技术的生产与应用愈益实现网络化的条件下，中国有可能分享世界科技经济国际化的成果，在许多方面，可以不必重复发达国家走过的老路，发挥后发优势，迎头赶上，实现跨越式发展。

实现工业化仍然是我国现代化进程中艰巨的历史性任务，信息化是我国加快实现工业化和现代化的必然选择，未来中国面临着工业化和信息化的双重任务。毋庸置疑，抓住机遇，实现跨越式发展，实现工业化和信息化，其最重要前提是知识化，而知识化的基础尽在教育，尤其是高等教育首当其冲，任重道远。因此，高等学校要顺应时代发展潮流，必须肩负起时代赋予的历史使命。

高等教育的历史使命的内容包括以下三方面：

（一）肩负培养优秀人才的使命

培养同现代化要求相适应的数以亿计高素质的劳动者和数以千万计的专门人才，发挥我国巨大人力资源的优势，关系 21 世纪社会主义事业的全局。知识经济是以人为本的经济形态，拥有知识、信息、智力、能力的人才能够成为社会发展最关键的经济元素，产品竞争、技术竞争、知识竞争，归根到底都将化为教育及其培养出的人才的竞争。

高校是培养人才的摇篮，高等学校要担负起历史赋予的重任，就必须发挥自身人才培养的优势，挖掘人才培养的潜力，适时适当扩大招生规模，努力提高教育教学质量，为发展知识经济源源不断地培养高素质的创造性人才。

（二）肩负知识创新、科技创新的使命

高等学校既是教学中心，又是科研中心，教师既担负着教学任务，又担负着科研任务。高校不仅是培养人才的摇篮，科学研究也是其一项基本任务和重要职能。从世界经济发展历史来看，许多带动国民经济发展的重大科技突破都是依托高校产生的，迄今为止，影响人类生活方式的重大科研成果，70%诞生于高等学校。

在未来知识经济时代，高校要主动地担负为国家发展科学的重任，广大教科人员要主动地深入经济建设主战场，围绕经济建设的中心任务，开展科技创新。同时要把科技链与产业链结合起来，走产学研结合的道路。高校还可以从孵化高科技企业入手，经过努力，培育出一批有发展潜力的科技企业胚胎实体，最终将他们推向社会，使其发展壮大，直接为社会经济发展做出贡献。

（三）肩负创造、吸收、传播先进文化的历史使命

教育从来就是文化传承发展的基础。随着知识经济的到来，人类社会文明进程的不断加快，教育与文化的关系越来越密切，教育在文化的传承、选择、变迁与创造中具有举足轻重的作用。

高等学校拥有良好的文化氛围和巨大的智力与信息资源，是国家文化建设的重要阵地，创造和传播新知识、新理论、新思想，促进社会主义文化不断发展的任务，应该为我国先进文化的发展做出更大贡献。

总之，21 世纪高等教育将进入经济和社会活动的中心，担负着人才培养、知识创新和知识应用的重任，成为社会发展和进步的重要推动力；高校与社会各个领域将更加紧密地联系与合作，实行产学研一体化，为经济和社会服务，特别是为社区的经济和社会发展服务将得到加强；高等教育在进一步发展数量、逐步大众化和普及化的同时，将更加注重素质教育、重视创新能力、注意个性发展，大力提高质量；高等教育将在时间和空间上得到极大扩展，在时间扩展上发展继续教育和终身教育，在空间扩展上加强校际和国际交流与合作，发展网上教育。

第二节　信息社会的教育变革

每一次信息技术的大突破，都对教育产生了革命性的影响。

在最近的 50 年里，人类的知识系统发生了两个重要的变化：一是知识更新的速度越

来越快，数量越来越多；二是知识的传播途径越来越多，传播速度越来越快。知识数量的急剧膨胀并没有给人类存储和传播知识带来太大的麻烦。以计算机技术和网络通信技术为代表的现代信息技术有效地解决了这一问题。从存储的角度来看，一张高密度的光盘就可以存储一套24卷本的百科全书的所有内容。从传播的速度来看，一根光纤电缆就可以每秒钟传送几千万个电子信息。人类获取和传播信息的途径和方式已经悄然发生根本性的改变。

一、发展变化的教育形式

从教育发展的历史看，学习的方式实质上是不同社会发展阶段对教育要求的体现。教育作为一种文化传递的工具，它的内容和形式是随着时代变迁和社会发展而不断发展变化的。在农业社会、工业社会，以至信息社会，不同的社会发展阶段，教育传递着不同的内容，并服务于不同的目的，同时也形成了与之相适应的教育形式和学习方式。

（一）农业社会的"接受学习"

在漫长的古代农业社会中，生产力发展水平低下，人类的物质生活处于简单粗糙的状态，人们了解的自然界知识还十分匮乏。这个时代的教育通过保存和延续前人积累下来的经验、风俗，更多地反映了人类对自身的了解和认识，强调了对于维护社会生存、稳定社会秩序的愿望和认识。古代农业社会的本质是统治者的教育，由手脑分工导致阶级分化，产生了垄断教育的统治者和大多数"无知"的被统治者，所谓劳心者治人，劳力者治于人。因此，古代农业社会的教育目的，是要培养少数统治人才，与这个目的相适应，其教育内容主要是传递统治阶段的价值观文化。

由于古代农业社会的教育主要是传递统治阶级的"价值规范"文化，这种由少数人所掌握的文化是以不容怀疑的真理或权威的面目出现的，因此，其教育形式只能是单向传递式的，即教师讲学生记，学习者通过大量的诵读、记忆、模仿、操练、习得和掌握。在这里，学习方式本身，即受教育者的被动性，也体现和适应了当时社会占主导地位的价值观和教育观。在这种灌输式的教育过程中，学习者对学习内容可能完全不能理解，许多时候只是进行机械的、无意义的识记活动，其思维处于抑制状态，其学习效率自然是十分低下的。这是一种"接受学习"，由于少数人垄断了教育，古代的学校教育的规模也就很小，使得一个教师只须面对几个、十几个学生，甚而可以一对一地教学。于是，与现代学校教育相比较，"接受学习"和"个别教学"便成为古代农业社会的教育形式和学习方式的两个基本特点。

（二）工业社会时期"有意义地接受学习"

近代工业革命以后，科学技术得到了迅速的发展，生产力突飞猛进。随着人们对自然界了解的不断深入，学科门类大量增加，社会分工日益细化。接踵而来的科学发现和发明激发了人们征服自然、改造自然的欲望和勇气。日新月异的工业化进程急需大批掌握各行各业一定科学文化知识的科学家、工程师和技术工人。毫无疑问，教育将承担这项时代和社会赋予的使命。与此同时，经济基础的变动导致了上层建筑、意识形态领域的震荡，由启蒙思想家掀起的科学和民主的浪潮冲破了封建统治者的思想禁锢，也席卷了教育领域。

近代工业社会的学校教育，在内容和形式上都发生了巨大而深刻的变化。在教育目的上，"开发民智"取代了少数统治人才的培养。在教育内容上，以探究自然奥秘为宗旨的"知识—技术"文化、科学知识成为学校教育的主要内容。**随着教育普及、教育大众化思想观念的传播，以及国民教育体制的逐步确立，受教育者的数量大大地增加了，于是近代工业社会中的学校教育产生了自己的基本形式：班级授课制。**

集体教学取代个别教学，意味着教育领域中，大工业生产方式对小家经济生产方式的胜利。集体教学与工业化的批量生产有相似之处，**它体现了"效率"的观念。**一个教师在一定的时间内，面对成倍增加的学生和知识量，他必须改进教学方式，提高教学的单位效率。当然，除了"量"的增加之外，教学内容"质"的变化，也是促使教学方式变革的直接原因。

从受教育者的角度看，要掌握科学文化知识，必须对这些知识内容有比较清晰的理解，单纯的机械记忆显然已不适应学习内容的特点和需要。这样，在近代、现代工业社会中，学校教育逐渐形成了以教师讲授结合提问、讨论、练习为特征的各种教学形式。这时，教师仍然是知识的传授者，而学生则需要在理解的基础上接受并掌握学习内容。与"接受学习"相比，受教育者的主体作用显著地增加了，这就形成了"有意义地接受学习"。集体教学和有意义地接受学习大大地提高了教学效率，使得"知识—技术"文化的普及成为可能，也使教育成为推进时代发展和社会进步的强大动力。

（三）后工业社会的研究性学习

当今社会已进入了信息时代、知识经济时代，在经历了农业社会、工业社会之后这个"后工业社会"将会给教育提出什么要求？21 世纪的人们该怎样更多、更好地学习知识，或者说是掌握信息呢？

1. 高效的学习

高效的学习指运用先进的学习方法，充分开发人的学习潜能，学习方式的革命将成倍，甚至十倍、百倍地提高人的学习速度。因此，在当今知识爆炸的时代，应该特别重视学习方法的学习，包括各种快速阅读法、记忆法、思维技巧以及多媒体技术的运用。

2. 研究性学习

研究性学习的基本观点是：培养人的创造能力和创新意识是信息时代学校教育的核心，而创造能力培养的关键是对信息的处理能力。因此，应该提倡研究性的学习，即在教学过程中创设一种类似科学研究的情境和途径，让学生通过主动的探索、发现和体验，学会对大量信息的收集、分析和判断，从而增进思考力和创造力。

3. 高效的学习和研究性学习的差异

上述两种学习方法对信息时代的学习方式做出了各自的解释，它们都反映了人们对教育现实的不满，并试图改变普遍存在的不适应时代发展需要的低效率、被动性的学习状况。但从两种学习方式所蕴含的教育理念及其教学实践来看，二者之间却存在着很大的差异。

所谓高效的学习，即十分重视学习方法的学习，其主要目的是提高学习的效率。它强调"授人以渔"，但实际上并不关心打到的是什么"鱼"。高效的学习所追求的，首先是掌握知识的量而不是质。它在很大程度上反映了工业时代注重单位时间效率的观念。然而信息时代的现实表明，单纯追求知识的量是不可取的。一方面，知识爆炸使得人们在数量上进行追逐已不可能；以今天知识产生和传播的速度而言，即使是"胎教"加上"终身教育"，一个人所能掌握知识或信息的多不等于好，更重要的是学会如何处理、如何利用这些信息。而要做到这一点，单靠几种"头脑风暴""音乐放松"之类的学习技法或创造技法是远远不够的，过分迷恋某些方法、技巧的作用，很容易使人误入歧途。

与高效的学习相比，研究性学习更关心学习的过程，而不是结果。研究性学习也讲求方法，但它较少强调学习知识的技能和方法，而更关注培养思维能力、特别是创造性思维能力的方法和途径。在这样的学习过程中，学习者是否掌握某个具体的知识并不重要，关键是能否对所学知识有所选择、判断、解释、运用，从而有所发现、有所创造。换句话说，研究性学习的过程本身也就是它所追求的结果。从教育心理学的角度看，学习可以分为三个层次：一是概念的学习，通过概念来了解事物的性质；二是规则的学习，懂得概念与概念之间的联系；三是问题解决的学习，即运用概念和规则来解决实际问题。研究性学习主要是第三层次的学习，其目的是发展运用科学知识解决实际问题的能力，这是它与一般的知识、技能学习的根本区别。

4. 研究性学习和高效的学习相互依存与转化

当然,创造性思维也离不开一定的知识基础,因此,研究性学习与高效的学习并不是对立的,而是相互依存、相互转化的。但从学校教育的时代特征来看,研究性学习无疑应该是信息时代中占主导地位的学习方式。与此同时,在多元化与个性化为显著特征的后工业社会里,在工业社会背景中产生的集体教育形式也将做出改变,因材施教、个性发展的要求将会更加强烈,未来的教学组织形式将是一种个别化的集体教学。于是,研究性学习加上个别化的集体教学,将成为 21 世纪学校教育中教学形式的主要特征。

二、信息化社会教育的基本特征

我们正在从发展中的工业社会走向信息社会,同样,我们的教育也正在从工业社会的教育走向信息社会的教育。

(一) 信息社会的根本性变化

1. 信息社会的特征

(1) 奈斯比特的观点

奈斯比特认为,工业社会到信息社会的变化主要体现在以下几方面:

①技术和知识成了新的财富,工业经济时代诞生的"劳动价值论",将被新的"知识价值论"所替代;②时间观念发生了重要的变化,人们既不像农业社会那样习惯于面向过去的经验,也不像工业社会那样注重眼前和现在,而是更强调面向未来和如何预测未来;③生活目标的变化,即更加激烈的是人与人之间的竞争,而不仅仅是人与各种自然的竞争。

(2) 贝尔的观点

贝尔的"后工业社会"的理论认为,工业社会是一个商品和产业的社会,而后工业社会是一个信息社会,因为信息处于后工业社会的中心地位。在贝尔看来,后工业社会的经济形态已经由过去的产品生产经济转变为服务型经济;在职业结构中,专业与技术人员处于主导的地位;在社会结构方面,理论知识处于中心地位,成为社会改革和发展的源泉。

(3) 嘉格伦的观点

信息社会的首要资源是信息。信息是一种极为特殊的资源,它通常没有重量,看不见摸不着,而且可以同时存在于不同的地点。信息社会的工具的主要功能,就是制造、存储、发送和更改信息，如果说工业社会使得人类活动扩展到了地球的各个角落的话，那么知识革命的主要特点，则是它能够大幅度扩展人类的思维空间。人类思维空间的延伸，再辅之以生产力的进步，就产生了一个全新的人类社会。"

他们的看法和观点都从一定的角度为我们认识信息社会的特征提供了非常有价值的启发。

2. 信息社会扩展了人类的思维空间

信息社会通过新的传播工具和方式，特别是通过新的传播理念，极大地扩展了人类的思维空间。而正是这种新的极大的思维空间，构成了人类发展的新的平台，成为新的社会形态的重要标志。按照目前比较通俗的语言，这样一种作为现代社会的平台和重要标志的思维空间，也就是信息世界中所谓的虚拟空间。当然，也正是由于新社会形态的优势和特点在于它极大地扩展了人们的思维空间，为人们的生存和发展提供和创造了一个具有现实性的虚拟空间，而在这样的虚拟空间中的最基本的生存方式就是思维活动，因此，谁在思维方面占有优势，谁就能够在这样的虚拟空间和思维空间中获得更大的份额，谁就能够在新的信息社会中具有比较高的社会地位，所以，这种思维恰恰构成了我们理解和建构信息化教育的关键。

在农业社会和工业社会中，由于时间和空间的限制，特别是由于通信和传播工具与手段的限制，"在场"的存在和事物与"不在场"的存在和事物之间的关系和界限是非常清楚的。重要的是"在场"的存在，"不在场"的存在对人们的实践，对人们的生存意义和价值的影响是微乎其微的。而思维活动本身的意义是非常有限的。

在现代信息社会中，这种"在场存在"与"不在场存在"之间的关系发生了非常重要的变化。这种变化一方面表现在，由于通信和传播手段的发展，两者的关系越来越密切，以至于出现了所谓"全球化"的现象和说法。另一方面，这种"不在场存在"的意义及其对"在场存在"的影响也越来越大。由于在现代信息社会中人们决策和行为的依据已经在一定程度上不能仅仅取决于当下的现实，而必须充分考虑各种其他的因素，包括那些"不在场存在"的影响。能否充分地认识与当下现实有关的各种"不在场存在"，以及各种包括共时性和历时性的远距离的事件。往往直接影响人们的决策和行为的质量与水平。对此，尼葛洛庞帝有一段非常精彩的活，他说："我们将拥有数字化的邻居，在这一交往环境中，物理空间变得无关紧要，而时间所扮演的角色也会迥然不同。"

（二）信息化社会教育的功能和模式

信息社会教育活动的这种社会基础的变化，必然给信息化教育带来一系列新的特点，也给我们认识这种信息化教育提供了非常好的角度。由于篇幅的限制，这里只讨论信息化教育的功能和新的教学模式及其特点。

1. 教育的新功能

教育具有规范人们思维活动和维护思维空间秩序的新功能。与农业社会的教育比较，工业社会的教育如同它的经济和社会活动一样，大大突破了传统的个体活动的形式，而成为一种社会化的活动，即一种社会化的教育。这种社会化的教育以社会为基础，按照一种工业社会的模式，根据某种比较统一的标准和程序，培养和塑造社会所需要的各种人才。的确，它适应了人们生存空间极度扩大的需要，满足了人们扩大交往和发展的要求。它重视的是人们行为的规范性，强调的是对社会的适应性，培养的是符合社会要求的人。

当人们的思维空间在信息社会得到极大扩展的时候，当这种思维空间成为新社会的平台和标志的时候，特别是当这种思维性活动的价值和地位在新的社会中得到极大的张扬的时候，具有上述特点和功能的社会化的教育模式显然是不够的。因为，在信息社会中，人们生存和活动的空间已经不再局限于现实的物资空间，而扩大到广袤的思维空间；人们和社会的意义与价值也已经不再单纯地取决于"在场"的存在，而是扩大到了那些"不在场"的存在。

在人们生存空间不断扩大的工业社会中，教育活动重视和强调的是人们社会活动的规范和这种实体性生存空间秩序的维护，那么，在思维空间不断拓展的信息社会，教育活动更加重视和强调人们思维活动的规范与思维空间秩序的维护。这也就是说，建立在巨大思维空间基础上的信息社会需要一种真正思想上的认同和文化上的"新秩序"。换句话说，信息社会为人们所拓展的思维空间中的协调和一致，并不能仅仅依靠行为上的"契约"来保证，而必须同时也依靠思想和文化上的认同来支持。这也恰恰是信息社会教育不同于过去教育的一个特点。

简单地说，单纯外在的行为训练和规范，已经不能满足信息社会稳定和发展的要求；虚拟空间和思维空间的新秩序的建设，"不在场"的存在的价值与意义，已经要求教育活动必须确立和具有新的功能；实际上，这种功能和目标的变化，体现和反映了信息社会的教育已经获得了一个新的社会基础。而且，由此所建立和形成的信息化教育与社会的关系将带来教育活动自身的一系列变化，包括教育模式的变化、教学内容和课程体系的变化、评价标准的变化等。

2. 教学模式将发生大的变化

根据信息社会的特点，特别是思维活动在信息社会中的价值和意义，信息化教育的教学模式也将发生非常大的变化。概括地说，过去比较重视教师的教的活动和学生的训练，而现在的教育活动则比较重视学生的学习，特别是学生在学习活动中自身内在的反思和体验，要求的是人们对"在场存在"的超越。而这恰恰是信息化教育的一个重要特点。因为，显而易见的是，思维活动的规范和思维空间的秩序的维护，决不能单纯地依靠外在的强制和训练，而必须依靠社会成员自己的自觉和认同。没有这样一种个体的自觉和自我意识的培养，信息社会中思维空间的秩序的建立和维护是不可能的。

个人自身内在的反思和体验作为信息化教育的重要形式，正是它与传统工业社会教育不同的地方。在现代社会中，反思的活动和过程在人们的思想变化，以及自我建构中具有非常重要的作用。"实践体验"作为我国青少年学习和发展的一个重要途径。实际上反映了人们对信息化教育特点的认识，当然也反映了信息化教育模式和观念的出现与形成。显然，只有通过内在反思和体验而形成的自我，才能比较清楚地认识信息社会思维空间的秩序和要求，真正建立起自己在这种思维空间中的自我同一性。而这种从外在规范到内在反思与体验的转变，同样要求社会的教育模式的变化。毋庸置疑，这里反映了一个主体的变化，体现了一个本位的变化，即学习者真正成了这种反思和体验的不可替代的主体，而且，学习者自我的学习活动和发展成为这种反思和体验的基础与本位。

3. 互联网为学习一体化提供了技术保障

互联网的出现为确立学习者的主体地位，为使学习者的学习活动成为本位，为实现整个教育活动的一体化，等等，提供了必要的保证。

以互联网为基础的网络教育的出现，使得学习者的学习具有更大的选择，使得任何个人，在任何地方，任何时间的任何学习需要，都能够得到一定的满足。而且，这种学习者的主体地位也必然要求学习者进一步提高学习过程中的主动性，加强学习过程中的内化，即反思和体验等活动。更有意思的是，互联网的出现，使得教育活动的一体化真正成了可能。通过这种互联网，人们的生活和学习，在一定程度上已经成为一种丰富多彩的"拼贴画"。在这幅"拼贴画"中，人们可以凭借手中的鼠标器，在电脑上反映出世界各个地方的信息，并将它们结合在一起。这样，过去在传统社会中的"不在场存在"，在今天已经成为具有现实意义的"在场存在"，虚拟的空间成为人们现实生活和学习的部分。应该看到的是，由互联网所形成的新的教育模式的价值和意义也正是体现在这个地方，它的优越性和长处也就是为人们的自我主动的学习，以及学习的一体化提供和创造了非常好的条件。

（三）信息化社会教育的核心特征

信息化社会教育以服务学习为核心，这是信息化教育的根本特征。这主要表现在以下几方面：

1. 技术平台的变化

工业化教育的技术基础，只是类似投影仪、录音机等感官外接系统，其功能就是人的感官的强化，有时空限制，服务于"班级授课"制度；信息化教育的技术基础是信息技术特别是互联网，它们是人的大脑、人的智慧的外接系统，没有时空限制，服务于个性化的学习。

2. 教育目的的变化

教育，不再只是灌输和传授书本知识与技能，不再只是促进背诵、写作业和考试；教育将深刻改变自己的目标与职能，成为个人全面和终身成长的助手，成为信息社会个人选择和发展的无微不至的"教练"或指导者。随着人的全面丰富性的展开，随着学习的全面丰富性的展开，教育也将恢复它应有的全部丰富性。

3. 教育内容的拓展

原来只教书本上的知识技能，现在要教书本外的知识技能；原来只教知识技能，现在教如何生存、如何关心、如何负责、如何选择、如何自我发展；原来只教既定的知识技能，现在要教获得与拓展这些知识技能的方法；原来只教学习者自己以外的知识技能，现在要教学习者认识和掌握自己，要把学习者自己作为知识对象。说到底，成长即学习，生活即教育。

4. 教育方式的丰富

目的变了，内容变了，方式也就变了。现在我们学校里的教育方式非常单调，以后要丰富得多。例如，发展认知性的教育、发展动作性的教育、发展审美情趣的教育、发展社会交往的教育；利用潜意识的教育，利用内省的教育，利用运动的教育，利用游戏的教育，利用实验的教育。又如，人—物的教育（向大自然学习）、人—机的教育（用电脑学习）、人—人的教育（在集体中学习）等等，不胜枚举。摆脱了工业化目的的羁绊，教育资源无处不有，教育形式不拘一格。尤其是互联网上衍生出各种合作式的、互动的、个性化的教育方式，将得到越来越广泛的应用。

5. 教学关系的重建

我们以往的学习，教学关系是很固定的。教师就是教师，学生就是学生。一日为师，终身为师。现在恐怕不行了，为师的基础变了。一来社会变化太快，二来科学知识体系变化也太快，"为师"只能说是一种行为，而不可能是固定不变的状态，首先，所有的教师要当学生，当一辈子学生，要重新学习，终身学习；其次，所有的学生都可以、都必须当教师，当一辈子教师，你不当自己的教师，就不能指望别人来教会你。这两方面加起来，就打破了固定不变的教学关系，建立了相对的边界不明的教学关系。既当学生，又当教师；一会儿当学生，一会儿当教师，随情况而定。甘当学生和好为人师，是每个人必须兼备的品质。

6. 我们过去对教育的评价，主要依据考试成绩

最大的一次评价就是高考成绩，它似乎体现了我们学校的全部价值。现在，教育的基本职能变成为学习服务，帮助学习者进行快速改变，它的评价标准就必然发生变化，出现以学习者的需求和满意度为核心的价值评定。

三、信息社会学习方式的革命

学习构成社会生产力的关键要素。在信息社会，学习必须进入生产力要素中，而且是作为最富革命性的因素加入进去，学习是动态的技术，是鲜活的知识，是生生不息的超前的创造力。没有学习要素的生产力，是一个静态的注重"现量"的概念，难以适应当今世界竞争和发展的需要，更难以掌握竞争和发展的主动权。同样，学习方式也应当进入生产方式的视野，学习方式的革命将成为生产方式革命的直接导火索。

（一）倡导终身学习，以人的发展为本

现代科学技术的飞速发展深刻地改变着未来人类的生活，知识更新和转化为现实生产力的速度大大加快。在这种情况下，学生在学校所学的知识在进入社会之后可能已经面临淘汰的命运，他们离开学校后需要不断地寻求各种学习机会，以掌握所需的知识和技能。学习将成为社会进步的主要推动力和个人生活的第一需要。"学校再也不会是一个为学生的一生准备一切的地方"，人们在学校中的学习只是人生学习过程中的一个基础阶段而已，个人从出生至临终的全部历程都必须是学习的历程。这一状况标志着终身学习时代的来临。为适应这一变化，教育必须围绕着全体公民的终身学习而重新设计。

（二）突破校园围墙，营造开放式的学习环境

随着计算机网络越来越广泛进入学校和家庭，人们获得了一种全新的交流手段，教育也因而获得了前所未有的新资源和四通八达的新途径。万维网技术的发明，更是给因特网注入了无限的活力。这种技术采用超文本链接来提供信息服务，将全球的信息资源链接为一个开放式的、巨大的多媒体信息库。超文本的基本特征是非线性，按照多线索多层次交叉编辑，形象地称为"没有页码的书"。借助于超文本技术，人们不必事先学习枯燥乏味

的命令，只要一个小小的鼠标，通过个人电脑或者电视上的机顶盒，就可在浏览器软件帮助下进入网络漫游，不知不觉中就从一个站点到达另一个站点，从一个国家"到达"另一个国家。

在计算机技术的支持下，教学材料已不再局限于印刷在书本上的文字和图形，出现了融文字、声音、图形、动画、影像为一体的电子教科书，多媒体软件、网上教学节目、卫星节目等等多种形式的教学材料。有了这些教学材料，学习者就可以从网络上获取广泛而丰富的教学知识和内容，打破了师生必须在同一个教室空间里面对面才能进行教学的状况。在这种远程网络教育中，可以是几个教师在不同地点协同授课，可以把世界各地的多种信息资源随时带入课堂，克服了空间和时间的限制。对于学习者来说，所有的信息都是开放的，全社会成员都能获得更均等的受教育机会。

（三）开发教育资源，促进学习方式多样化

长期以来，传统的学校教育采用"讲解+练习"的教学模式，主要通过讲解和大量课外练习使学生掌握基础知识和基本技能，比较忽视创新精神和实践能力的培养。在这种教学模式下，大量课外课程资源不能有效地用于学生的学习。

随着信息资源的不断增长和信息技术的飞速发展，用于教育和学习的课程资源不再局限于课堂内使用的教科书和教学辅导书，课外课程资源丰富多彩，如书店和图书馆里的各种课外图书，博物馆和科技馆中的展品，科研机构中的科研报告，各种媒体中的新闻、社会信息等。人们越来越认识到，丰富多样的课程资源是促进学生学习方式多样化、培养学生创新精神和实践能力、促进学生个性和谐发展的重要条件。

随着信息量的急剧膨胀和网络技术的广泛应用，学生获取知识已经开始出现与"标准化生产"不同的方式，"选择"成为网络上教育和学习的一个首要的特色，因为各信息中心之间以网络化方式的沟通，使摆在每一个学校和个人面前的教育资源千倍万倍地膨胀起来，这就需要选择。选择的结果，必然是教育的精细化和多元化。

在这种背景下，信息化社会教育的一个重要特点，就是"开发教育资源，促进学习方式多样化"，这主要表现在以下几方面：从学习内容上看，突破了教科书的局限，学生可以从有线电视、计算机网络、社区、大自然中获得丰富的课程资源；从学习方式上看，打破了班级授课制的组织形式，学生可以通过资料检索、调查、实验、讨论等多样化的方式获得知识；从教学组织上看，强调灵活运用多种教学组织形式，改变单一的班级授课制。辅之以分组教学、小组合作学习、个别辅导、开放式教学等多样化的教学组织形式。

总之，网络技术正改变着千百年来以教师讲授、课堂灌输为基础，劳动强度大、效率

低的传统教育教学模式，并使学校教育同家庭教育、社会教育融为一体，实现教育中人力、物力资源的多层次开发与合理配置。这是一种全新的、开放式的教育系统，它允许任何人在任何时间和任何地点学习，并使个人掌握学习的主动权和控制权，为个性化学习和学习方式多样化提供了最大限度的方便，也使以促进人的发展为目的的终身教育成为现实。

第三节　人才标准的发展

我们必须正视这样一个事实："人才"定义在"理论"和"实践"上产生了某种不一致，它既不是一个学术问题，也不是一个"统计口径"问题，它已成为我们在日益高涨的人才开发工作中必须正视、必须解答的一个问题。"人才"的概念理当重新定义。我们需要深入思考的问题是，"人才"难道真的是用"学历"和"职称"来划分？"人才"内涵是否应该随着客观环境的变化赋予它新的含义？"人才"的定义究竟怎样才能更科学、更合理、更符合时代要求？

一、人才标准与社会经济

（一）唯学历的人才标准

传统意义上讲的人才，通常指的是科学技术专门人才，即具有中专和中专以上学历或者具有技术职称的人员，我们称之为唯学历的人才标准。

这种唯学历的人才标准其负面作用是显而易见的。首先是将知识和能力本末倒置，没能抓住人才定义的本质属性，将教育与成才的间接相关性看成了直接相等性。教育只是培养人才的基本手段，而是否是人才还要看他在社会实践中的能力表现：文凭虽然是学习经历的证明，但只是成才的基础，若此后放置不用还会不进则退，所以它与人才的本质属性是有区别的。其次是许多人将自学考试混同于自学成才，其实自学考试只是自学与国家考试相结合的一种制度。最后是将学历与劳动报酬、工作待遇挂钩，而文凭不合格者即使干得再好也不予承认。

（二）新时期的人才标准

从广义上讲，人才指的是人和才能的统一，在人类社会的发展过程中，为了认识和改造自然、社会以及人类自身发展做出了一定的贡献的人都可以称为人才。

在新时代，人才的标准不仅取决于掌握知识的数量，更重要的是取决于知识的创新能力。在很多时候，掌握知识的数量与知识的创新水平并不是等量关系。事实上在任何时候创新水平都是处于首要地位的，只不过是在过去由于知识产权制度的未建立，任何人都可以通过模仿来学习，而如今这种无条件的模仿受到了限制。

（三）现行人才标准必须改革

若一个拥有高文凭的人缺乏创新能力，没有创新成果，称不上是人才；相反一个人若具备了创新能力，拥有创新成果，无论其有无文凭或文凭高低，就应承认他是人才。

二、人才标准的变迁

猎头市场变化的报告：以前，猎头可以按本地人才、有出国经历的本地人才和有本地经历的海外人才粗略地划分候选人，而如今，区分的唯一标准是其个人表现和工作记录，近五年的基层工作经验和对中国市场的深刻了解已经比流利的英语更为重要。各种潜力曾是衡量领导能力的依据，新标准更看重过去取得的成就。

旧标准：

1. 与商界及政府部门的良好关系；

2. 创造新机遇的能力；

3. 对合资企业政策的了解；

4. 拓展业务的技巧。

新标准：

1. 在特定学科拥有成功记录；

2. 能在极富挑战性的环境和条件下顺利完成任务；

3. 能将从其他较成熟市场获得的专业技能用于新领域；

4. 优秀的人际管理技巧；

5. 拥有成功建立最优秀的组织模式的经历；

6. 能从基层培训和发展新人。

社会学家分析，21 世纪第一层次的职业当属于高智力集团。因此，近几年，国内企业不惜以年薪 50 万、100 万招聘高级知识人才，组成企业高智力集团。新的职业结构对高级人才的素质要求愈来愈高。未来的高级知识人才既不是单纯的技术专家，也不是精通领导艺术的专家。他们不仅要胜任卓有成效的管理工作，还要有力地领导自己的团队在同心协力完成既定目标的同时，时刻准备迎接新的挑战。但是，"高级人才"的标准到底是什么？可谓仁者见仁，智者见智。

（一）能力优于"知识"

企业要求的人才不是应试人才，而是做事人才。面对日益激烈的市场竞争，企业的生存和竞争系于一端，那就是人才的能力。能力应当由以下这些部分组成：

1. 技术与业务能力

信息化社会将更加需要计算机开发与应用、产品营销、管道工程、电子工程等方面的人才。没有过硬的技术才能或是只会纸上谈兵的人必然会被市场竞争所淘汰。

2. 组织与规划能力

具备组织与规划能力，比如说设置工作流程、制定市场营销方针、统一调拨财力。人的能动性要得到充分发挥，而不是局限于按部就班的传统模式。

3. 说服与交流能力

具备语言能力，懂得如何表达信息和思想，并能够听取信息与思想的人。公司间的交往要求职员能应付越来越多的人际关系并具有越来越高的游说能力。同时，在本来节奏快的工作环境中，内部的交流显得更加重要，尽管惜时如金，但没有交流就缺乏动力和发展的源泉。

4. 数字与计算能力

绝大多数人才都应当具备这种能力，因部门与部门之间的配合以及公司运作的衔接都离不开数字与计算。

5. 想象能力

它是白领职工都需要的技能。富于想象力，有利于收集并获得广泛、大量的信息与知识；想象力还可以开拓思想方法及观察的视野，换一句话说，想象力在某种程度上可以带动创造和创新能力。

6. 文理贯通能力

要求职员学会利用个人天赋提高工作经验，各种知识的融合可以提高工作效率，文科积累的教育经验与理科的专业技能的结合将是明天的白领人士们最有参考价值的学习方向。

（二）成就超越"潜力"

人才都要有至少 5 年的工作经验，有的甚至 10 年以上，因为工作经验是人才进一步发挥自身价值的基础。工作业绩也是考察"人才"的一个重要指标：优秀的工作业绩是实实在在且最具说服力的，有过去的优秀的业绩才可说明有将来的工作潜力。

（三）年薪取代"学历"

有些专家认为，年薪在 10 万元至 20 万元的属于中级人才，高级人才的年薪在 20 万元以上。高分低能的高学历者大有人在，况且目前假学历泛滥成灾，用学历来衡量人才标准已是老皇历了。另外，一个人，即使他不是高学历者，也没有职称，但他在不断地学习、充实知识来适应社会，这样的人显然就是中高级人才。用年薪来作为所谓中高级人才的标准肯定不是最合适的，但是拿不出更好标准的前提下，年薪作为人力资本的一种衡量方式也是可行的。

"英雄不问出处"，用人不拘一格。真正的人才不再被学历、出身（国籍）、工作经历而捆绑死。高学历的光环将逐渐被淡化，真正检验人才的是市场，是投入产出比。企业对高级人才的评判最有发言权，因为它是用市场机制的"赛马"形式，不拘一格地选择人才。因为"赛马"是公开的竞争，在统一的规则下，哪匹马跑得快，大家一目了然。用不着伯乐来"相马"，是因为"千里马常有，而伯乐不常有"，而且能够避免伯乐自身的偏颇之处。通过"赛马"机制"赛"出的是高级人才，企业自然会给予高额年薪，因而用年薪来衡量是否属高级人才不无道理。

新的高级人才观不再把那些"一旦拥有、享用终身"的学历、职称当作主要衡量标准，而是更加因地制宜、实事求是：有的人今天是人才，明天可能就不是；在甲地不是人才，在乙地可能就是人才。

三、信息化社会的人才标准

21 世纪人类将步入一个新的时代，社会形态和经济增长方式与 20 世纪有着根本性的不同。与此相应，新世纪新时代也对人才提出了新要求。社会上曾经有个形容热门人才的流行词——"T"型人才，即具有宽厚的基础知识，窄而专的一技之长。而在 21 世纪，很难用"T"一言以蔽之，知识更新速度将进一步加快，获取信息的渠道将更畅通、更便捷，因此，综合的、整体的素质，比掌握具体知识更为重要。当前国际上人才竞争的热点是复合型人才，大多数成功的复合型人才，都是在学校、家庭和社会良性互动的综合作用下脱颖而出的。

一般认为,信息化社会的人才应具备四个要素:知识、才能、品格、觉悟,即具有较高的综合素质。这种综合素质不仅指思想道德与科学人文素养、理论知识等,还包括能力以及态度等非智力因素多方面的丰富内涵。

(一) 知识是服务社会的本领,是综合素质的基础

知识,并不仅仅是书本的知识。我国的学校教育非常重视书本知识的传授,这与现在的知识观有很大关系。现在的知识观,只将图像、文字符号组成的文本知识看作是知识。其实,知识包括显性知识和隐性知识两种,显性知识就是我们通常认为的、可以编撰的知识,如文字、图像、符号等;隐性知识则是通过人的思维、行为、经验传下来的,通过学生的体验得到的,也称为可意会的知识或经验性知识。现在教师传授给学生的往往是结论性的东西,而不注重让学生了解科学家或是创造这个知识的人是怎样对以往的结论产生怀疑的(即提出问题),又是怎样探索和解决问题的。提出问题、解决问题的过程就是一种经验性的知识。让学生了解知识的发现和创造过程,借此培养学生的怀疑、探索精神,培养学生的思维能力、创新能力,要比传授固化的文本知识重要得多。

(二) 能力是一个人观察问题、提出问题、分析问题、解决问题的本领

以前我们谈能力,主要包括学习能力、思维能力、实践能力、解决问题能力,最近,创新能力的培养被提到重要的地位。创新精神和实践能力的培养,应当成为各级各类学校的重要环节,为学生的一生打下好的基础。

要求人人都具有很高的科学技术创新能力是不现实的,只能要求任何一个公民具有把本职工作创造性地做好的敬业精神,要求大家具有终身学习的内在要求和能力。

(三) 品格是价值观念等的综合体现

品格是一个人对真理、对理想、对人类一切美好品德以及对社会和自然界真善美与假恶丑所持的态度,在思想、语言、工作、人际交往和价值观念等方面的综合体现。品格是无形的,却是可以感知的。

(四) 觉悟是服务精神和奉献精神

觉悟是自觉与觉醒的意思,它表现为一个人自觉地为他人和社会的服务精神与奉献精神。

在这四要素中，才能比知识重要，品格比才能重要，觉悟比品格重要。知识与才能是才的范畴，品格与觉悟是德的范畴。归结起来，学习型社会的人才应该是德才兼备。

21世纪应变能力、批判思维能力也应得到应有的重视；社会的变化速率在加快，竞争更加激烈，对人的应变能力、竞争能力提出了更高的要求。所以，要强调学习能力和应变能力的培养，使他们能够面对各种挑战，抓住机遇。随着人类进入信息化社会，随着信息量的激增，还要求人具备分析、选择、判断是非、评估价值、处理信息的能力。北京大学的学生提出："以最少的时间获取最有价值信息的能力，对未来生存发展至关重要。"这个说法值得重视。

未来社会竞争激烈，社会变化快，未来人才要有承受激烈竞争和高节奏工作的素质，非智力因素在人的成功中占的比重将加大，因此，教育应更重视非智力因素的培养。态度主要包括四个方面：对国家和社会的态度——责任感；对事业的态度——事业心、进取心；对他人的态度——积极合作的团队精神；对自己的态度——否定自己、超越自己等。

第四节　学习型社会的基本特征

人类社会在发展过程中每一次重大的变革都导致了社会结构的巨大变迁和社会运行的飞速发展。

学习型社会的基本特征，是不断学习成为人的基本生活方式。随着现代化的发展，高科技的运用，知识经济的到来，必然引起人们生活方式的重大变革。其基本方面就是不断学习，所谓"活到老，学到老"，并且由组成人们生活的一部分变为人们生活的基本方式。构成人类不同生活方式的一个极为重要的方面，是人获取生存财富的不同形式，而财富在不同时代有不同的存在形式。农业经济时代财富的主要存在形式是土地和粮食，工业经济时代财富的主要存在形式是货币资本和实物资本，知识经济时代财富的主要存在形式是知识和信息。

一、学习型社会的由来

学习型社会是指参与社会运行与创造的各类主体，始终保持不断学习的状态，始终以学习促进创新，淘汰陈旧与落后，保持开放与进取的社会动力。在农业经济时代，只要7~14岁接受教育，就能满足日后一生工作生涯的需求；工业经济时代，求学时间须延长为5~22岁；而在信息技术高度发达的信息化时代，人类唯有把12年制的学校教育延长为

"80 年制"的终身学习才能适应社会发展的要求。因此，信息化社会必然是一个学习型的社会。

20 世纪 70 年代联合国教科文组织提出"向学习化社会前进"的目标。近年来，随着世界科技、文化、经济和社会的重大发展，一种终身学习的观念开始产生，并引起各国的重视。

二、学习型社会的要求

要建设学习型社会，需要满足以下一些基本要求。

（一）发达的信息和知识的传播条件

学习型社会是科技高新化、信息网络化、经济全球化的产物，也是以它们的出现和发展为基础的。传统的社会虽然也需要学习，但这些新的潮流出现以后对学习的要求比以往任何时候都更加强烈。要创建学习型社会，就必须在信息网络建设和知识传播条件上进行投入，具备基本的"学习型"基础。

（二）开放互动的学习制度

学习型组织的本质特征是善于不断学习，强调终身学习、全员学习、全过程学习、团体学习，等等。如何保障这种全方位的学习呢？这需要一种开放和互动的有效机制。所谓开放，就是保证有充分的信息流入本组织和社会，有知识的自由传播和创新；所谓互动，就是在开放的基础上实现组织或社会内部以及同外部在学习上充分地互相促进，同时把学习纳入工作和生活程序，使之互相促进。

（三）人力资源的深度开发

人力资源同学习型社会是逻辑地联系在一起的，知识经济、信息经济的时代，人的素质是诸种因素中最为重要的。学习的目的就在于提高人的素质并使之得到发挥，人力资源开发主要在两个方面，一是进行教育和培训、提升人的能力；二是通过一定的经营管理制度和手段，使人的潜力得到充分利用。

（四）激励创新的体制和氛围

缺少充分的创新动力和缺乏追求的社会不是真正的学习型社会，学习型社会必须要有激励人们创新的体制和氛围，从事创新活动的人能够得到相应的利益并获得尊重，从而推动社会的发展。

（五）不断超越原有的观念和结构

每一种社会都有其相应的观念和意识，在学习型社会里，人们在观念上一个最大的特点就是要善于与时俱进，每个人都要根据时代和社会的发展变化而不断更新观念，在知识、能力、思想、品德等方面不断超越自己。

三、学习型社会四大理念

（一）学习之超

建立一个无人不学、无时不学、无地不学，全民学习、终身学习的学习之邦是中国社会持续发展的重要手段。中国政府要把沉重的人口负担转化为丰富的人力资源优势，就必须全面开发人力资源，全面投资人力资本，全面提升人的学习能力。

（二）教育关怀

教育关怀是指以政府为代表的所有利益主体或利益代理人，从教育的途径在总体上关注并致力于改变所有人的生存状况。教育关怀的核心是关注并致力于改变不平等，关注并致力于消除由于外在各种差异而带来的教育机会的不平等，关注并致力于由于各种差异带来的歧视。教育关怀的对象和主体都是全社会，尤其是那些在经济、文化、地理等环境明显处于不利地位的人群。政府作为社会资源和价值的整合者、管理者，是教育关怀最大的责任主体和义务主体。

（三）以人为本

以人为本是现代教育的基本价值，它把教育和人的幸福、人的自由、人的尊严、人的终极价值联系起来，以现代人的精神培养现代人，以全面发展的视野培养全面发展的人。当一个社会不再以生产指标和经济增长为最终和唯一目的时，当一个社会开始把人的最终发展与幸福作为生活追求目的时，社会的进步与文明就跃上了一个新的发展阶段。

（四）教育品质

教育目的的实现程度取决于我们的教育品质。教育品质包括体系品质、组织品质、内容品质和方法品质。灵活而有弹性的学习制度、充满合作和乐群精神的学习型社区、精致而有趣味的学习材料、生动活泼而涌动创造激情的教学活动、以发展为导向的评价系统，是教育品质提升的方向。教育应该教人学会认知，获取理解的手段；教人学会做事，能够对自己所处的环境产生影响；教人学会沟通，学会合作，学会与他人共同生活；教人学会生存，使人在不断发展中日臻完善，有能力掌握自身的命运，并使他的人格健全，生活多彩，思想活跃，表达方式丰富。

四、学习型社会的建设

建立学习型社会，重点在于"社会"、在于"类型"。应当看到，一段时间以来，一些组织和个人在对建立学习型社会的理解认识以及具体操作上，一味将学习型社会的基本内容等同于传统的普通学历教育、继续教育、干部教育，忽略了学习型社会建设的主要目标和内涵；将传统的学历教育、继续教育、干部教育对象，当作是建立学习型社会的主要对象，忽略了学习型社会的广泛性和社会性。毋庸置疑，学历教育、继续教育以及传统的干部教育等，固然是学习型社会（或是组织）建设的内涵之一，却并非可以概全。我们认为，实在意义上的学习型社会建设的重要标志和基本内涵，着重应该体现在科学性、创新性、实践性等三个主要方面；而学习型社会建设具有的广泛社会性，涵盖了社会的方方面面，其主体应当是广大人民群众。

（一）建设学习型社会的标准和内涵

1. 科学标准和内涵

科学性是学习型社会（及组织）建设的一项重要标准和内涵。在人类历史发展的长河中，人们十分清楚地认识到，唯有科学，才可能是正确的、符合社会发展规律的、能够经得起任何风雨洗礼和考验的。在新的世纪建设学习型社会（及组织），首先应当充分体现出科学性的特点。这种体现科学性的社会（或组织）学习，目标应当是清扫愚昧、根除痼疾、换弃世俗、解决落后、克服迷信。它的努力方向主要包括三个方面：

（1）对已经为历史证明是科学的事物的继承和发扬

在漫长的人类历史发展过程中，有着许许多多已经被历史证明、不会随着时代的发展变迁而消亡，且被人类社会普遍认可和接受的颇具科学性的理念和事物，如今仍然被国际国内社会所学习、继承和应用。这些科学的东西，是人类社会的宝贵财富，应当充分挖掘利用和发扬光大，而不应被忽略、遗弃、抹杀甚至篡改。

（2）对国际现代科学知识的学习和借鉴

在现代社会，随着人类社会的发展和科学技术水平的不断提高，产生出了诸多符合社会发展规律、被世界各国人民所普遍认同并接受的现代科学的理念和事物，推动着人类社会的不断发展进步。

（3）对符合社会发展规律的新的未知的科学的深入研究和大胆探索

人类社会的不断发展，靠的不仅仅是认识客观世界，而更应当奋力去改造客观世界。既然称之为发展，就是说许多的东西并不只是前人留下或是后人坐享其成的创造，更多的是要付出巨大的艰辛和劳动，依靠自身现实的努力。在上述三个主要方面的学习中都取得了明显的效果，学习型社会（或组织）的科学性也就得到充分体现了。

2. 创新标准和内涵

（1）创新性是学习型社会（及组织）建设的一项重要标准和内涵

中华人民共和国建立以来，特别是改革开放以来，我们有过的所有经历，都是前人所没有经历过的，每一步都体现着突破、饱含着探索、来源于创新。没有突破和创新，就没有发展、没有生机、没有前进。在新的世纪建设学习型社会（及组织），着重应当充分体现出创新性的特点。这种体现创新性的社会（或组织）学习，目标应当是解放思想、抛弃陈腐、解决顽症、更新观念、端正思维。

（2）创新性主要包括三个方面

对传统事物的扬弃。在长达 5000 年的漫长岁月中，产生出了博大精深的中华文化。毋庸置疑，这其中既有精华，也有糟粕；既有积极的方面，也有消极的方面。客观正确的态度应当是扬弃——学习和发扬积极的因素，抛弃和防止消极的因素。创新的过程，实际也是扬弃传统的过程。那些已经被历史证明并被时代发展所继承且被现代社会文明所接受的理念和事物，是积极的因素，应当继承和发扬；而那些已经被历史证明并被时代发展所淘汰且被现代社会文明所不允的理念和事物，则是消极的因素，应当坚决加以取缔和纠正。在学习型社会（或组织）建设的创新过程中，对传统的扬弃，是一个不容忽视的重要方面。

对旧的桎梏的突破。创新理念本身，体现着事物的运动、联系、发展和前进，而这种以"突破"为主要特征的运动、联系、发展和前进的趋势，都是客观事物对立统一的结果，是不以人的意志为转移的客观事物的必然发展规律。应当看到，现代社会所产生出的诸多符合社会发展规律、被世界各国人民所普遍认同并接受的现代科学的理念和事物，都是一种"突破"的结果。正是这种"突破"，主导着事物永不休止地运动，推动着人类社会的不断发展进步。

符合社会发展的必然规律的创造发明。实践没有止境，创新也没有止境。我们要突破前人，后人也必然会突破我们。这是社会前进的必然规律。所谓与时俱进，并非指的是时间或时代前进了，人们的认识、观念和水平就会自然得到发展或是提高，而是指在新的形势面前，要勇于创造、不断发明、开拓进取，以适应发展变化了的时代要求。

在上述三个主要方面的学习中都取得了明显的效果，学习型社会（或组织）的创新性也就得到充分体现了。

3. 实践标准和内涵

实践性是学习型社会（及组织）建设的一项重要标准和内涵。实践是检验真理的唯一标准。没有实践，就没有真理；未付诸实践，不能看成是真理；已经被实践证明是落后或是错误的东西，更不能称之为真理。在新的世纪建设学习型社会（及组织），重点应当充分体现出实践性的特点。这种体现实践性的社会（或组织）学习，目标应当是实事求是、联系实际、付诸实践、指导实践、不断实现"实践—认识—再实践—再认识"。

（二）建设学习型社会的措施和途径

建设学习型社会，是一项长期而系统的工程，当前和今后一个时期要重点抓好以下几方面的工作：

1. 营造全民学习的气氛

要在全社会积极营造一种全民学习的浓厚气氛，让每个公民树立终身学习的观念是建设学习型社会的重要前提。树立起学习光荣、学习高尚的思想观念，树立起"学则进、不学则退"的思想观念，树立起学无止境、终身学习的思想观念，努力形成自觉学习、主动学习、善于学习的良好社会风尚。

2. 构建全民学习教育体系

要努力构建比较完善的全民学习教育体系，这是建设学习型社会的重要基础。建设学习型社会，必须构筑一个与之相适应的社会化学习教育体系，使我们的社会时时有学习之机，人人有学习之所。为此，必须进一步完善各级各类特殊教育、基础教育、职业教育、成人教育、高等教育等大教育体系，充分利用广播、电视和因特网等传媒，开展各种专业课程培训教育，努力满足不同层次学习者受教育的需要。

3. 设计学习活动载体

设计各类丰富多彩、形式多样的学习活动载体。做到学有计划、学有规模、学有方向、学有实效。创建学习型社会的各类活动，既要有一批有特色的保留课目，又要创出一批有新意、有实效的活动载体。

4. 建立考核机制

切实加强领导，建立健全行之有效的考核激励机制。

第五节 大力培养学习型人才

建设学习型社会，关键在于拥有学习型人才。我们必须牢固树立学习型社会的"大人才观""大培训观"和"大环境观"，努力培养符合学习型社会需要的学习型人才。

一、学习型社会的"大人才观"

随着 20 世纪 50 年代第三次科技革命的出现，人才以其所蕴藏的智力资源成为各国在发展进程中角逐较量的中心，国家间的国力竞争本质上已经归结为人才的竞争。"千金何足惜，一士固难求"。世界范围内的人才争夺已经相当激烈，我们必须以"大人才观"广开才路。

（一）"大人才观"体现了"能力本位"的新理念

按照人才学的观点，一个人到底是不是人才应该由市场来判断。我国人才学专家把人才定义为"人才就是为社会发展和人类进步进行了创造性劳动，在某一领域、某一行业，或某一工作上做出较大贡献的人"。

"大人才观"抓住了人才的本质特征，从"人才链"的角度，对人才的评价更突出其综合能力和专业水平，涵盖了所有具有高水平和创新能力的人，既包括具有领导能力的领导人才、具有专业技术能力的专业人才，也包括中高级技术工人以及掌握一技之长、社会需要的特殊人才，体现了"能力本位"的新理念。我们的时代需要比尔·盖茨，也需要李斌式的技术工人。

"大人才观"是一个多元化的概念，对全社会形成尊重劳动、尊重知识、尊重人才、尊重创造的氛围具有极其重要的意义。

（二）"大人才观"体现了人才引进的战略重点

建设学习型社会，全面实现小康社会发展目标，任何地区都必须有很好的地理优势和人文环境。但面对一个更加开放的国际环境，高层次人才特别是国际化人才短缺问题日益凸显，成为困扰经济建设和社会发展的"瓶颈"。我国要构筑国际化人才高地，就要采取有效措施整合全国和世界的优秀人才，把存量与流量知识加以规模集聚，使我们国家真正成为人才荟萃和人才向往的地方。

"大人才观"体现了我国"海纳百川，有容乃大"的宽阔胸怀，广开才路，不拘门户引进人才的战略重点。树立"大人才观"，就要积极促进人才柔性流动，采取有效措施引进人才；树立"大人才观"，就应不拘一格，彻底摒弃门户观念，以海纳百川的胸襟容天下一切有用之才。

（三）"大人才观"体现了人才选拔的基本原则

我国实施"科教兴国"战略，其实质是靠智力发展经济，以智力资源的占有、配置，知识的生产、分配、使用为重要因素的经济，在整个发展过程中，真正的动力是具有知识与创新能力的人，是具有生产、分配和使用知识能力的人。

"大人才观"立足人才是发展的最大资本，突破人才的学历概念、学位概念、职称概念，对人才的选拔、使用更强调业绩和对社会的贡献，重视人的潜能挖掘，突出了人才的创造性、进步性、社会性以及对社会的贡献，这对我们引入市场机制，直接"到赛马场上去选马"具有极大的推进作用。

二、学习型社会的"大培训观"

人力资本理论的创始者、美国经济学家舒尔茨说，人类的未来是由人类的智慧所决定的。树立"大培训观"，提升人才的群体素质，是应中国新一轮发展之需而加快培养国际化人才，构筑人才高地的重要举措。

（一）建立完善的国际化人才培养体系

人口素质是构筑人才高地的根基。中国要融入世界经济大循环，人才国际化问题越来越紧迫，建立完善的国际化人才培养体系已是当务之急。诚然，从海外引进人才是一种比较快捷的方式，但这只是人口比例中极小的一部分，应从根本上提升人才的群体素质，建立完善的国际化人才培养体系。在这方面，可以通过中外联合办学等模式，构筑国际化人才高地；可以直接通过输送关键人才到海外学习，掌握先进的管理理念，熟悉国际惯例，增强跨文化沟通能力；还可以借助高校和各类培训机构的教学资源，开设 MBA、MPA 和各种非学历高级人才培训班，培养造就职业化、国际化的优秀人才。

（二）建立规范的继续教育体系

继续教育作为对在职专业技术人员不断进行知识技能补充、增新、拓宽和提高的一种追加教育，也是本土人才国际化培养的一种有效途径。

对于继续教育工作，我们要在观念、体制、制度上实现三大转变：

1. 实现全社会教育观念的转变，将一次性学校教育为主，转向面向所有人多样化教育为主的全新教育，建立终身教育体系，构建学习型社会；

2. 实现教育制度的转变，创新人才培养模式，将学会学习作为最重要的教育内容，打破学校教育的视野，形成以社区为基础的社会化教育新格局；

3. 实现教育方式的转变，教育的思想、体制、内容、方法和手段都要适应人的高素质发展。通过建立学习型企业、学习型家庭、学习型城市等活动加强国民素质教育，培养和造就与我国经济社会发展相适应的现代化人才。

（三）建立跨行业的紧缺人才培训体系

随着我国经济的新一轮发展，整合社会资源开展跨行业、跨系统、社会化运作的紧缺人才培训显得尤为重要。

三、学习型社会的"大环境观"

人才跟着环境走，资本跟着人才走。人才的竞争已从单一的"价格"竞争、"政策"竞争，逐步演变为综合性的大环境竞争。

（一）营造人才制度环境

高层次人才一般都具有高水平和创新能力，有比较高的社会地位，受人尊重，有强烈的自我价值实现愿望，因此，营造高度开放、公平竞争的制度环境有利于充分调动他们的创造热情，满足他们的个性发展。我们对各类紧缺的优秀人才可实行"先入户、再创业"的人才储备政策；在引进人才方面继续推行优惠政策，为人才的柔性流动提供方便；在工资制度方面实行一流人才、一流岗位、一流业绩、一流待遇。同时，要加紧完善与人事人才有关的法律法规，包括知识产权、劳动与社会保障、劳动合同等，建立健全符合国情的、适应经济全球化发展的法律法规体系。

（二）营造人才创业环境

通常一个国家的经济越发达越繁荣，就越能吸引、留住人才。创业环境包括事业发展环境、人才自我实现环境以及人才竞争环境等。

我们要实施"科教兴国"战略，使我国真正成为人才的高地，成为 21 世纪人才荟萃的地方，成为中青年人才集聚的地方，就必须创造出良好的软环境，鼓励高层次人才在我国创业，大力发展留学人员创业园区，建立创业科技基金，增强创业保障。

（三）营造人才人文环境

人文环境是培育人才成长的文化土壤。随着我国改革开放步伐的加快，一个更加广阔、充满生机和活力的市场日益呈现在世人面前，成为世界各国竞相投资的理想场所，但要让人才充分发挥作用，还应该营造良好的人文环境。既要为人尽其才、才尽其用构筑信息交流的市场平台，又要不断地开拓思路，搞好人才服务，营造一个民主、自由、开放、和谐的，有利于人才发展的社会环境，为人才施展才华搭建一个好的舞台。

（四）营造人才生活环境

营造有利于人才专心致志地从事科研与创新的良好生活环境，是吸引人才的重要环节。为此，我们在倡导建设绿色文明城市，加强环境治理，营建天蓝、地绿、水清的居住环境的同时，要强化人性化管理，最大限度地满足各类人才身心健康的基本需求和交流、学习、娱乐等社会需求，为人才创造安全、舒适的社会环境。

知识经济是以人才为本的新经济，人才在经济社会发展中起着基础性、战略性、决定性作用，"人才资源是第一资源"。我国新一轮发展更多地应该是建立在知识、信息、智力上，因此，树立人才大"三观"，广泛发掘人才资源，构筑人才高地，显得尤为迫切。

四、学习型社会的人才培养

抓住 21 世纪重要战略机遇期，使我国在新一轮竞争中迎头赶上世界发达国家，建立学习型社会不失为一个重要的措施，而培养学习型人才则是建立学习型社会的基础。高等学校在培养学习型人才方面具有不可推卸的责任。

（一）重视继续教育、终生教育

培养学习型人才必须重视继续教育、终生教育。发达国家的企业界人士认为，企业不仅要组织员工创造财富，同时也要为员工提供学习的经历。这种学习型社会的理念将在更深刻的意义上改变人的一生，改变人类的面貌，优化人类社会的素质。

重塑学习型人才的过程中，每一个人都会越来越感觉到自己的无知。它的逻辑非常简单：即在这个巨变的时代里，新经济和知识经济扑面而来、信息技术飞速发展、全球经济趋于一体化，个人不能有效学习，将无法生存发展。学习能力是一种独特的竞争能力，它能帮助其主体在急速变化、不确定性和风险增加的环境中开拓创新、不断获得竞争优势。阿里·德赫斯通过长期研究后把企业分为两类，即"经济型公司"和"学习型公司"。经济型公司致力于利润最大化，学习型公司更关注公司的生存和发展能力。同样，人才也可以分为经济型人才与学习型人才，如果说经济型人才就是一个劳动力的话，那么学习型人才是真正的人才，是可持续发展的人才。

（二）大力推进素质教育

培养学习型人才必须大力推进素质教育。

1. 这是知识激增对素质结构的必然要求

因为一是教育必须注意知识的质量和结构，也就是说，不是所有的知识都是同等重要的，也不是所有的知识对每个人都是必备的。二是知识体现在每个人身上的文化程度不同，衡量一个人的学习水平不仅要看学习过多少知识，还要看在多大程度上将人类文化的精粹内化为自身素养，这种素养不像知识那样稍纵即逝，而是成为他自身不可分割的部分，并给予驾驭未来知识的能力。

2. 这是信息爆炸对知识能力的必然要求

在新经济、知识经济中，信息生产与更新的节奏乃至职业竞争是空前激烈的。这就要求通过教育形成相当强的应变能力，以有限的时间和精力在庞大的知识海洋中汲取所需，尽快适应从一个工作领域向另一个工作领域转移的需要。

3. 这是知识经济发展阶段对物质和精神能力平衡发展的必然要求

十年树木、百年树人，经济、社会发展，教育须先行。面对未来50年我国经济快速增长和经济、社会结构显著的变化，我国教育应该如何发展、做如何调整，才能适应上述快速发展、变迁的需要？教育部为实现全面建设学习型社会这一目标的实现做出规划是非常必要和有远见的。

（三）推进教育创新、实施创新教育

全面建设学习型社会，除了需要继续深化教育教学改革、全面推进素质教育，还必须在推进教育创新、实施创新教育方面更加努力。

1. 教育目标应有所改变

我们未来将要面临的是一个产业结构、技术结构、城乡结构、全球化的速度与程度不断提高的社会。一个人可能从第二产业转向第三产业，也可能从劳动密集型产业的工作转向资本密集型产业工作，在同一个产业里也必须不断掌握新的技术，所以我们提出学习型的社会应该是培养全民不断学习的能力。我们认为，我国的大学教育应该侧重于培养学生的学习能力，而不是侧重于教他们一毕业马上在工作岗位上要用的技能。

2. 教育投资比重应调整

我国现在大量人口在农村，随着产业结构的变化，大量农村人口将转移到城市，但是转移出来的农村人口如何适应城市的环境和非农产业工作的要求，这就要求他们有相当的受教育程度。在未来 10—20 年，我国应该加大对农村教育投资的比重，才能使转移出来的农村人能够适应新环境、新工作。大学也是培养学生学习能力的过程，所以大学教育也应该得到政府的补贴，而律师、MBA 等专业职业教育则应该是个人付费。

3. 足够的公共财政的投入

最关键的一点，要全面建设学习型的社会，每个国民受教育的年限、质量都要提高，必须有足够的公共财政的投入，才能实现这个目标。目前我国教育的投入比同等发展水平的国家低，应该利用未来 50 年我国经济持续快速增长的机遇，将新创造出来的资源，更多的投入教育事业，政府对整个教育拨款的增长比例，应该比我国国民经济的增长率水平高。

（四）培养学习型人才必须以制度创新为根本

培养学习型人才的目的，是为了把它作为一种宝贵的资源来利用，这就有一个优化配置和有效开发利用的问题。应该以制度建设为根本，积极创造有利于优秀人才脱颖而出、施展抱负、发挥才智的机制和环境。

1. 改革和创新人才管理体制

适应社会主义市场经济需要，努力形成广纳群贤、人尽其才、能上能下、充满活力的用人机制，落实用人单位的自主权，发挥高校、科研机构在知识创新和人才培养方面的作用。

2. 建立和完善人才的竞争、激励与选拔机制

竞争和激励能够激发人才的创新欲望，激活人才的创新潜能。竞争可以实现人才的优胜劣汰，保持人才队伍的良性循环。要用好的机制和好的作风选人。选拔人才要有博大的胸怀和广阔的视野，打破选人用人中论资排辈的观念和做法，不拘一格，用人所长；既要任用好自然科学人才并充分发挥他们的作用，又要任用好哲学社会科学人才并充分发挥他们的作用；既重视有所成就的人才，也关注具有潜能的人才。

3. 营造汇聚人才并使他们建功立业的良好环境

吸引人才，留住人才，就不能没有尊重劳动、尊重知识、尊重人才、尊重创造的良好

环境。环境包括"硬"和"软"两个方面，硬环境主要指人才的工作条件和生活条件，软环境主要指学术氛围、人际关系等等。要尽可能地为人才创造良好的工作和生活条件，努力营造民主活泼的学术氛围、和谐融洽的人际关系。要关心、爱护、理解、信赖人才，激励他们充分发挥聪明才智，使他们充满实现自身价值的满足感、贡献社会的成就感和得到社会尊重的荣誉感，报效祖国和人民。

[1] 李爱媚. 高职教育管理与实践艺术［M］. 长春：吉林美术出版社，2020. 07.

[2] 刘云强，杨凤云. "十二五"职业教育国家规划教材草坪建植与管理技术高职高专第
3版［M］. 大连：大连理工大学出版社，2020. 12.

[3] 产教融合视域下高职学生教育管理创新与实践［M］. 郑州：郑州大学出版社，2020.
09.

[4] 双高建设背景下高职学生教育管理工作机制研究［M］. 北京：中国商务出版社，
2020. 06.

[5] 徐永红. 21世纪高职高专规划教材旅游与酒店管理系列普通高等职业教育十三五规划
教材中国旅游地理［M］2版. 北京：中国人民大学出版社，2020. 02.

[6] 李展. 21世纪高职高专规划教材旅游与酒店管理系列普通高等职业教育"十三五"
规划教材旅游应用文写作［M］3版. 北京：中国人民大学出版社，2020. 11.

[7] 刘康民. 高职教育供给侧改革研究［M］. 北京：北京理工大学出版社，2020. 09.

[8] 张一平. 高职院校教学管理概论［M］. 北京：北京理工大学出版社，2020. 10.

[9] 高职学生综合素质教育教程［M］. 天津：天津科学技术出版社，2020. 07.

[10] 龚芸，李可，徐江. 职业教育集团背景下高职人才培养模式研究［M］. 北京：冶金
工业出版社，2020. 11.

[11] 廖伏树. 创新视角下的高职教育管理［M］. 北京：光明日报出版社，2021. 05.

[12] 陈春梅. 教育管理与评估丛书高职院校混合所有制及其内部治理研究［M］. 厦门：
厦门大学出版社，2021. 09.

[13] 广东省教育厅，广东省教育研究院. 现代职业教育标准体系建设系列丛书现代学徒
制专业教学标准和课程标准酒店管理专业高职［M］. 广州：广东高等教育出版社，
2021. 04.

[14] 邵建东，王振洪，朱永祥. 现代职业教育研究前沿论丛高职院校专业教师团队建设
与管理研究以装备制造大类专业为例［M］. 华中科学技术大学出版社，2021. 05.

［15］张菊著. 高职教育专业设置的管理机制研究［M］. 北京：经济科学出版社，2021. 02.

［16］李妮. 公共管理视角下的高职教育研究理论与实践［M］. 北京：经济管理出版社，2021. 07.

［17］赵信峰. 高职高专教育国家级精品规划教材水资源评价与管理［M］2 版. 郑州：黄河水利出版社，2021. 08.

［18］孔德兰. 十三五普通高等教育规划教材高职高专会计系列财务管理［M］2 版. 上海：立信会计出版社，2021. 04.

［19］上海市教育委员会教学研究室. 上海市中高职贯通教育连锁经营与管理专业教学标准［M］. 上海：华东师范大学出版社，2021. 12.

［20］李玉甫，陈园园，李玉田. 高职高专十四五推荐教材高等职业教育土建类专业互联网+数字化创新教材建设工程项目管理［M］. 北京：中国建筑工业出版社，2021. 06.

［21］吕浔倩. 信息化高职教育教学管理研究［M］. 西安：西北工业大学出版社，2019. 09.

［22］李时菊，袁忠. 全国高职高专食品类、保健品开发与管理专业"十三五"规划教材创新与创业教育［M］. 北京：中国医药科技出版社，2019. 01.

［23］高职院校学生教育管理［M］. 北京：现代出版社，2019. 12.

［24］夏明凤. 现代高职院校学生思想教育与管理［M］. 吉林出版集团股份有限公司，2019. 09.

［25］朱斌. 新时期高职管理理论与安全教育研究［M］. 哈尔滨：黑龙江人民出版社，2019. 01.

［26］社会工作视角下高职院校教育管理工作研究［M］. 北京：中国商业出版社，2019. 12.